DBV
DON BOSCO
VERLAG

Ursula, Monika und Petra Bezdek

Winter

Mit Kindern durchs Jahr

DON BOSCO

Die Autorinnen und der Verlag haben sich redlich bemüht, die Inhaber der Rechte aller Lieder und Verse zu ermitteln, doch ist dies leider nicht in allen Fällen gelungen. Die Inhaber oder Verwalter der Rechte werden gebeten, sich mit dem Verlag in Verbindung zu setzen.

Die Deutsche Bibliothek – CIP-Einheitsaufnahme

Ein Titeldatensatz für diese Publikation ist bei Der Deutschen Bibliothek erhältlich.

1. Auflage 2001 / ISBN 3-7698-1315-4

Umschlag: Margret Russer
Umschlagfoto: Hubert Sewald
Illustrationen: Petra Bezdek
Fotos: S. 19, 34, 38, 42, 49, 55, 75, 88, 94: Petra Bezdek; S. 31, 47: Holger Jaedicke; S. 11, 16, 18: Jürgen Schmidt
Produktion: Don Bosco Grafischer Betrieb, Ensdorf

Gedruckt auf umweltfreundlichem Papier

Inhalt

Einführung: Mit Kindern durchs Jahr

Der Rhythmus der Jahreszeiten, der für unser Leben eine besondere Bedeutung hat, ist die Grundlage für dieses Winter-Buch und die weiteren Titel, die sich mit den anderen drei Jahreszeiten beschäftigen. Mit dem Wechsel der Jahreszeiten und in der Natur erleben Kinder Kreisläufe (Jahres-, Wasser-, Stoffkreislauf), verinnerlichen sie und empfinden sie schließlich als normales Wechselspiel zwischen Aktivität und Passivität. Der menschliche Organismus wird durch diese Rhythmen gestärkt und es entwickelt sich mit ihnen körperliche, gesundheitliche und seelische Stabilität. In der immer wiederkehrenden rhythmischen Veränderung der Natur im Laufe der Jahreszeiten erfahren wir Geborgenheit und Sicherheit.

Das Leben folgt natürlichen Rhythmen.

Naturerfahrung

Kinder sind von Natur aus neugierig und wissensdurstig, sie entdecken im Kleinsten das große Naturereignis. Die Wunder der Natur finden wir überall: im Wald, am Wasser, in den Bergen, in der kleinsten Pfütze und am Wegesrand. Das Interesse der Kinder daran zu befriedigen und gleichzeitig zu fördern, ist die Aufgabe der Erwachsenen, es kann die Grundlage für lebenslanges umweltverantwortliches Handeln sein.

Naturerfahrung und Sinneserfahrung stehen in einem direkten Zusammenhang. Die uns umgebende Natur und ihre Erscheinungsformen, die unterschiedlichen Landschaftsformationen, die Kreisläufe des Wassers und des Jahres, das Wetter usw. wirken direkt auf unsere Sinne ein. Wir nehmen wechselnde Farben, Formen, Gerüche, Geräusche, Oberflächenstrukturen, die Luftfeuchtigkeit und vieles mehr mit unseren Sinnesorganen wahr und können auf Grund der gesammelten Erfahrungen viele wichtige, zum Teil auch lebenswichtige Parameter (Entfernungen, Größen, Temperaturen) einschätzen, ohne Berechnungen oder wissenschaftliche Untersuchungen anstellen zu müssen, und unser Verhalten darauf abstimmen.

Die Natur erleben wir mit unseren Sinnen.

Kinder lernen in und von der Natur.

Naturerlebnisse führen zu intensiver geistiger Auseinandersetzung, zu aktivem, dynamischem Lernen. Dieses Lernen ist nur im direkten Kontakt mit der Natur möglich, im Erfahren der eigenen Grenzen, im Erleben der Zusammenhänge. Unsere Kinder brauchen diese Begegnung auch, um sich selbst in einem größeren Zusammenhang sehen zu können, um das „Eins-Sein" mit dem Kosmos zu spüren und zu erfahren, wie wichtig jeder einzelne noch so kleine Teil, jedes einzelne Element und damit auch sie selbst für das Ganze sind. Dieses Erleben im Kleinkind- und Kindesalter wirkt sich höchst positiv auf das gesamte spätere Leben aus:

- Naturerfahrung stärkt das Selbstwertgefühl.
- Naturerfahrung fördert die soziale Kompetenz, die uns Auseinandersetzung mit aber auch Rücksichtnahme in der Gemeinschaft ermöglicht.
- Durch das Beobachten und das Spielen in der Natur werden die Fantasiekräfte angeregt: Bauprinzipien werden übernommen, Naturmaterial wird im Spiel lebendig, scheinbar totes Material wird beseelt.
- Das Erleben wiederkehrender rhythmischer Veränderung vermittelt ein Gefühl der Sicherheit und verhilft zu seelischem Gleichgewicht.

Sinneswahrnehmung

Die Welt erschließt sich Kindern über die Sinne.

„Es ist wichtig, Kindern alles mit allen Sinnen zu lehren.", sagte Comenius schon im 17. Jahrhundert, und von Maria Montessori kennen wir den Ausspruch: „Nur durch das Tor der Sinne zieht die Welt in das Gemüt der Menschen ein." Es ist unsere Aufgabe, den Kindern die Möglichkeit zu vielseitigen Sinneswahrnehmungen zu geben. Alle Sinne müssen angesprochen, gefordert und gefördert werden. Wenn wir die Zusammenhänge zwischen Gleichgewichtssinn und logisch-mathematischem Denkvermögen oder der Sprachentwicklung und der Feinmotorik kennen, geben wir einfachen Dingen wie Materialerfahrung, Fingerspielen und Bewegungsspielen mehr Gewicht.

Bewegung

Viel Bewegung ist für die Entwicklung der Kinder im körperlichen, geistigen und seelischen Bereich entscheidend. Durch Bewegung wird die Muskulatur und Atmung gestärkt, Bewegung im Freien mobilisiert außerdem die Abwehrkräfte. Es ist leichter, Haltungsschäden und Übergewicht durch entsprechende Bewegungsmöglichkeiten vorzubeugen, als diese später mit aufwändigen Therapieverfahren zu behandeln.

Bewegung ist das Tor zum Lernen.

Die Synapsen im Gehirn werden durch Bewegung verschaltet, das heißt, je mehr sich die Kinder in den ersten zwölf Lebensjahren bewegen, desto vielfältiger verschaltet sich das Gehirn und umso besser entwickelt sich das Denkvermögen. Die Zusammenarbeit der beiden Gehirnhälften wird durch Bewegung angeregt. Schon die ersten, sich automatisch entwickelnden Bewegungsabläufe bei den Babys wie Rollen, Greifen und Krabbeln haben dabei eine große Bedeutung. Beim späteren Aufrichten, Gehen, Laufen, bei Fingerspielen, angeleiteter und freier Bewegung mit größeren Kindern bauen sich immer mehr wichtige Verschaltungen auf. Das Gehirn entwickelt sich im freien Bewegungsspiel mehr als beim Sitzen vor dem Fernseher oder Computer. Oft wird fehlende Bewegung erst festgestellt, wenn in der Schule Probleme beim Lesen, Schreiben und Rechnen auftauchen.

Auch der Seele tut Bewegung gut.

Bewegung bewegt auch die Seele, das spüren wir auch als Erwachsene sehr deutlich, wenn wir Sport treiben, laufen, schwimmen oder wandern. Wir fühlen uns gut. Vor allem spricht uns die Bewegung in der freien Natur an. Auch in den Kindern wird durch einfache Bewegungsabläufe etwas bewegt. Deutlich wird das bei Purzelbäumen, beim Rutschen und Springen, wenn die Kinder ein Kribbeln im Bauch spüren können.
Nicht vergessen wollen wir die Bedeutung der Bewegung für den sozialen Bereich: Kinder lernen ihren Körper und ihre Grenzen kennen, entwickeln Körpergefühl und damit ihr Selbstbewusstsein. Sie lernen Spielgeräte fantasievoll einzusetzen, mit anderen Kontakt aufzunehmen, sich zu messen, Regeln einzuhalten und vieles mehr.

Sprache und Rhythmus

Über die Sprache tauschen wir uns aus.

Fingerspiele, Reime, Klatschspiele, Kniereiter, Auszählverse, Zungenbrecher, Rätsel haben früher alle Kinder durch den Tag begleitet. Sie sind vielen von uns durch den immer wiederkehrenden Rhythmus und die gleichzeitige Bewegung in Fleisch und Blut übergegangen und tauchen spätestens dann wieder auf, wenn wir selbst Eltern werden und Kinder haben oder mit Kindern arbeiten. In diesem direkten Kontakt zwischen Eltern, Großeltern oder Erzieherin und Kind wird nicht nur Sprache und Rhythmus weitergegeben, sondern es schwingt auch viel von der inneren Stimmung mit.

Unsere Sprache ist nicht nur Kommunikationsmittel, um Informationen auszutauschen, sie ist Ausdruck unserer Gefühle, unseres Seelenzustandes. Oft drückt sich schon bei kleinen Kindern ihre Seelennot in der Sprache aus: undeutliches, tonloses Sprechen, Stottern, Probleme mit einzelnen Konsonanten usw. Andererseits können wir auch über die Sprache Einfluss auf den Seelenzustand der Kinder nehmen. Eine von Mensch zu Mensch vermittelte Sprache, in der durch die Stimme Lebendigkeit, Gefühl und innere Beteiligung ausgedrückt wird, wird nicht nur über das Gehör, sondern auch über die Schwingungen des Kehlkopfs aufgenommen, sie durchdringt Körper und Seele. Nicht umsonst merken sich Kinder mit Nachdruck gesprochene Schimpfwörter oft schon nach dem ersten Hören! Sprache, die von Tonträgern übermittelt wird, ist dafür kein Ersatz.

Fingerspiele, Reime und Handklatschspiele sind auch heute noch entscheidende Elemente in der Entwicklung von Kindern, ihre Bedeutung wird leider oft unterschätzt. Die Gleichzeitigkeit von Sprache, Rhythmus und Bewegung fördert das Zusammenspiel der beiden Gehirnhälften, das für die Entwicklung und vor allem für das Lernen von größter Bedeutung ist. Ebenso wichtig ist das Erzählen von Märchen und Geschichten, die den Kindern in ihrer jeweiligen Entwicklungsphase bildhaft Lösungen und Wege aufzeigen. Manche Kinder wollen wochenlang die gleiche Geschichte hören, bis sie ihren Weg gefunden haben und mit einem Thema abschließen können.

Kinder brauchen Fingerspiele, Reime und Märchen.

Elternarbeit

Wir halten es für äußerst wichtig, dass alle Erfahrungen, die mit den Kindern gemacht werden, regelmäßig in Elterngesprächen, an Elternabenden und bei anderen geeigneten Gelegenheiten erörtert werden. Dabei bietet es sich auch an, den Eltern die hier erläuterten Grundgedanken theoretisch und praktisch zu vermitteln. Im direkten Austausch können auch Konflikte angesprochen und Lösungsmöglichkeiten erarbeitet werden. Eventuelle Entwicklungsstörungen können thematisiert und so frühzeitig behandelt werden. Der regelmäßige Austausch mit den Eltern kann bei der Lösung von Erziehungsfragen eine große Unterstützung sein.

Regelmäßiger Austausch mit den Eltern

Kleine und große Abenteuer in der Natur und zu Hause, Forschergeist, Spiel und Spaß, neue und altbewährte Ideen werden uns neben gezielten Hintergrundinformationen für Eltern und Erzieherinnen durch den Herbst begleiten.
Wir wünschen uns, dass sich alle pädagogischen Fachkräfte und Laien, männlich wie weiblich, Erzieher oder Eltern, mit der von uns gewählten Anrede „die Gruppenleiterin“ anfreunden können.
Geschrieben wurde dieses Buch für Familien, Eltern-Kind-Gruppen, Kindergruppen, Kindergärten und natürlich alle diejenigen, die mit Kindern Spaß haben wollen!

Der Winter

Psst! Psst!

Psst! Psst! Sei doch mal leise!
Hörst du, der Winter beginnt seine Reise!
Ganz sachte bläst ein kalter Wind,
vom Baum die Blätter fort geschwind.

Psst! Psst! Sei doch mal leise!
Hörst du, der Winter beginnt seine Reise!
Am Himmel flattert mein bunter Drachen,
er kann sogar Purzelbäume machen.

Psst! Psst! Sei doch mal leise!
Hörst du, der Winter beginnt seine Reise!
Die Feldmaus raschelt in ihrem Versteck,
sie sammelt Körner in jedem Eck.

Psst! Psst! Sei doch mal leise!
Hörst du, der Winter beginnt seine Reise!
Nach Afrika, weit im Süden,
müssen nun die Schwalben fliegen.

Psst! Psst! Sei doch mal leise!
Hörst du, der Winter beginnt seine Reise!
Der Igel rollt sich im Laubhaufen ein,
jetzt müssen wir aber ganz stille sein

Die Erde legt sich zum Schlafen nieder,
jedes Jahr im Winter wieder.
Bist du leise wie noch nie,
hörst du seine Melodie …

Maria Rößler

Der Winter ist die Jahreszeit, in der die Natur ruht und nur die überlebenswichtigen Funktionen aufrechterhalten werden. Die Lebenssäfte in Pflanzen und Bäumen haben sich zurückgezogen, die Blätter sind abgestorben und die neu gebildeten Knospen warten in ihrer schützenden Hülle auf das Frühjahr. In der Erde ruhen die Samen und Zwiebeln in denen die gesamten Informationen für die Blumen oder Pflanzen schlummern, die sich bei entsprechenden Temperaturen daraus entwickeln.
Wie die Pflanzen brauchen auch die Tiere ihre Ruhe. Sie leben vom Winterspeck oder von den gesammelten Vorräten und ihr ganzer Stoffwechsel läuft auf Sparflamme. Hasen, Füchse und Bären nutzen diese Ruhepause auch zum Austragen und bereiten sich auf die Geburt ihrer Jungen vor, die oft gleichzeitig mit den ersten Strahlen der Frühlingssonne zur Welt kommen.
Auch wir Menschen erleben im Winter die Ruhe der Natur, wir genießen die langen gemütlichen Abende, die Zeit des Kerzenlichts und Weihnachtsduftes, lauschen den Raunachtgeschichten und sehen dem Jahreswechsel entgegen. Wir freuen uns aber auch auf eine kalte Zeit, die uns Schnee und Eis bringt, die uns hinauslockt zum Schlittenfahren, Schneemannbauen., Eislaufen und Toben im Schnee. Wir spüren die Kälte im Gesicht und die extremen Temperaturunterschiede zwischen draußen und drinnen und können die gemütliche frühe Abendstimmung bei Kerzenschein, Tee, Plätzchen und gemeinsamen Spielen besonders genießen.

Wirrle, warrle, was ist das?
Hinter'm Ofen rappelt was!
S'ist nicht Fuchs, s'ist nicht Has'
Wirrle, warrle, was ist das?

Mit der Stimme ahmen wir nach, was sich hinter dem Ofen verbergen könnte: Großvater, Mutter, Maus …

- Im Wald, unter den Bäumen suchen wir nach den Fraßspuren der Tiere und entdecken auch ihre Verstecke. Wir malen uns aus, wie sie in ihrem kuscheligen Nest liegen, schlafen und vom Frühling träumen.

- Wir stapfen über verschneite Felder und Wiesen, verfolgen die Spuren von Hasen, Rehen, Füchsen, Vögeln und Hunden. Wir bauen Schneelandschaften und Schneefiguren.
- In den Bergen genießen wir die Unberührtheit und die Stille der weißen, schneebedeckten Natur, sausen mit dem Schlitten den Berg hinab und stapfen wieder nach oben.
- Das Wasser ist jetzt zu kalt zum Baden und wir warten darauf, dass sich auf Teichen und Seen eine Eisschicht bildet, auf der wir vorsichtige Gehversuche machen können.
- Am Ende des Winters feiern wir den Fasching und jagen den Winter mit Krach und Masken davon.

Wald und Bäume

Rätsel
Es flog der Vogel Federlos
zu einem Baume Blattlos;
da kam die Frau Mundlos
und fraß den Vogel Federlos.

Wenn wir bei einem Winterspaziergang all unsere Sinne einschalten, erleben wir den Wald ganz anders als im Frühling, Sommer oder Herbst.

- Wir hören kein Vogelgezwitscher, wir hören das Knacken der kalten Äste unter der Schneelast und das Knirschen unserer eigenen Schritte auf den verschneiten Wegen.
- Wir sehen keine Tiere, alle haben sich in ihre geschützten Räume zurückgezogen, aber wir entdecken ihre Spuren.
- Wir riechen nicht den Waldboden und den Duft der Fichten, wir riechen den Schnee oder frisches Holz, wenn ein Baum gefällt wurde.
- Wir können keine Kräuter und Beeren schmecken, wir schmecken die Kälte und den Schnee.
- Wir fühlen kein weiches Moos und keine pieksenden Tannennadeln unter den Füßen, wir spüren den harten, gefrorenen Boden oder den knirschenden Schnee und das Eis in den Fahrrinnen.
- Wir spüren, dass wir frieren, wenn wir uns nicht genug bewegen.
- Wir sehen den Atem vor unserem Mund, wenn wir sprechen.

Bewegungsspiele am Waldrand

Gerade bei Spaziergängen im Winter ist es wichtig, dass wir immer wieder Bewegungsspiele machen, um uns aufzuwärmen. Allerdings sollten wir uns im verschlafenen Winterwald ruhig verhalten, um die Tiere nicht zu stören. Auf einer großen Lichtung, oder auf einer Wiese am Waldrand können wir toben und spielen. Folgende Spiele bringen Bewegung in die Gruppe:

Fuchsjagd
(ein Spiel für den Winterwald)

Ein erwachsener Fuchs geht voraus, er kann auch ein paar kleine warm angezogene Füchse mitnehmen. Die Füchse legen Spuren im Schnee, Spuren die zu ihrem Versteck, aber auch solche, die in die Irre führen. Die Jäger lassen den Füchsen einen Zeitvorsprung von 15 bis 30 Minuten und machen sich an die Verfolgung. Wer ist ein guter Spurensucher, wer erkennt die Irrwege? Natürlich müssen sowohl Füchse als auch Jäger leise sein, damit sie sich nicht gegenseitig verraten. Am Versteck angekommen werden die Jäger vielleicht mit einer Schneeballschlacht empfangen …

Fangspiele

Auch alle Fangspiele mit mehreren Fängern und der Möglichkeit zum Erlösen eignen, sich um die ganze Gruppe in Schwung zu bringen, die Füße und Gemüter wieder aufzuwärmen und Aufmerksamkeit für neue Beobachtungen zu wecken. Denn Bewegung bringt nicht nur den Körper in Schwung, sondern belebt auch den Geist!

Spiele mit Schneebällen

Mit Schneebällen versuchen wir, Bäume zu treffen, oder wir legen Schneebälle auf Pfosten und versuchen sie herunterzuschießen. Wir bauen Türme aus Schneebällen, die wir dann wieder umschießen.

Schneegesichter

Jeder sucht sich einen Baum, dem er ein Schneegesicht gibt! Der Schnee wird fest an den Baum gepresst, Nase, Mund, Augen und Ohren geformt und das Gesicht mit Hölzern, Zweigen und anderen Fundstücken verziert.

Wir sind ein Tier im Winternest

Das Spiel ist bei vielen unter dem Namen „Wir kommen aus dem Morgenland" oder „Wir sind aus einer andern Welt" bekannt. Wir brauchen zwei Gruppen, die sich im Abstand von 8 bis 10 m aufstellen. Eine Gruppe denkt sich ein Tier aus und überlegt, wie sie dieses Tier pantomimisch darstellen kann. Jetzt bewegt sie sich mit kleinen Schritten auf die andere Gruppe zu und spricht dabei: „Wir sind ein Tier im Winternest, und schlafen noch nicht fest." Die zweite Gruppe macht große Schritte auf die erste zu und fragt: „Was tut ihr dann?" Die erste Gruppe spielt jetzt ihre Pantomime vor, die Aufgabe der anderen ist es, das Tier zu erraten. Wenn das richtige Tier genannt ist, läuft die erste Gruppe zu ihrem Ausgangspunkt zurück, die Spieler der zweiten Gruppe versuchen, die anderen zu fangen. Wer gefangen ist, wechselt die Gruppe. Jetzt denkt sich die zweite Gruppe eine Pantomime aus. Bei diesem Spiel gibt es keine Sieger oder Verlierer und alle sind immer im Einsatz.

Die Bäume im Winter

Im Winter verändern vor allem die Laubbäume ihr Aussehen sehr stark. Vor dem blauen oder grauen Himmel zeichnet sich das bizarre Bild der blattlosen Äste und Zweige ab. Kahl und dürr ragen die sonst dicht mit Blättern behangenen Zweige in den Himmel. Wenn wir auch schon im Sommer und im Herbst viel im Wald unterwegs waren und uns mit den verschiedenen Bäumen beschäftigt haben, kennen wir vermutlich bereits die Rinde, das Blatt, die Frucht und den Samen der unterschiedlichen Baumarten. Im Winter fotografieren wir die kahlen Kronen. Wir betrachten die Bilder und kleben sie in unseren Baumatlas.

Baumatlas

Im Laufe eines Jahres können wir uns einen eigenen Baumatlas anlegen mit allem, was wir gesammelt haben: Blätter, Blattrubbelbild, Samen, Samenhülse, Rindenrubbelbild und Baumfotos aus verschiedenen Jahreszeiten … Der Atlas kann die Kinder über mehrere Jahre begleiten, sie können immer wieder nachschauen, Teile ergänzen oder ersetzen. Vielleicht lernen wir neue Bäume kennen und erweitern unseren Baumatlas nach und nach.

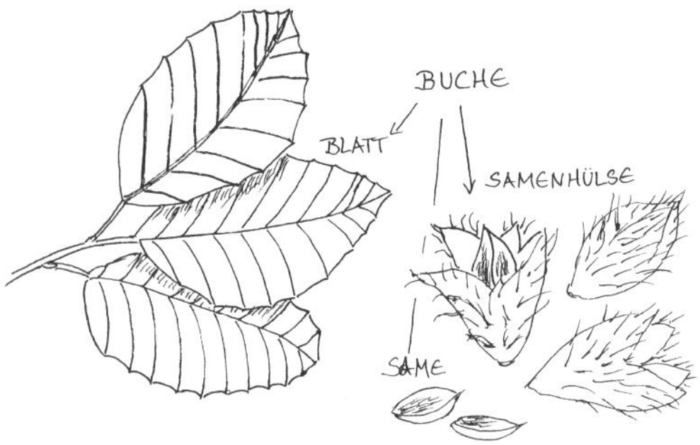

Wenn wir die Fotos von den kahlen Kronen und die in unserem Baumatlas eingeklebten Blätter aufmerksam betrachten und vergleichen, werden wir Folgendes feststellen: Die Form des Blattes oder der Frucht (Apfel, Birne …) und die Form der Krone sind oft sehr ähnlich. Besonders gut ist dies bei den Obstbäumen, aber auch bei Birke, Buche und Eiche zu sehen.

Baumtagebuch

Eine spannende Forschungsarbeit ist ein Baumtagebuch. Wir begleiten einen Baum vom Herbst durch den Winter bis zum Sommer, betrachten ihn jeden Tag und schreiben unsere Beobachtungen auf. Wir halten fest, wann sich die Blätter färben, wann das erste und das letzte Blatt abfällt, an welchem Tag wir die ersten Knospen entdecken und wann sie aufspringen. Wir erwarten mit Spannung das erste Blatt, die erste Blüte und die ersten Früchte. Auch die Tiere, die wir auf dem Baum entdecken, beobachten wir. Jedes Kind kann sein eigenes Baumtagebuch gestalten oder die Gruppe macht ein gemeinsames.

Entdeckungen im Winterwald

Schon im Herbst, aber besonders im Winter entdecken wir an den Bäumen die neuen Knospen, aus denen im Frühjahr Blätter und Blüten hervorbrechen – das neue Leben in den kahlen Bäumen! Es ist sehr spannend,

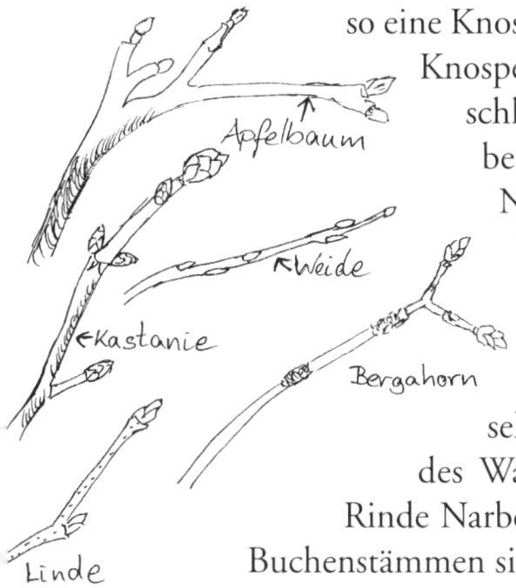

Knospen

so eine Knospe vorsichtig zu öffnen. Ein undurchlässiger Knospenmantel aus kleinen Schuppen schützt die schlummernden, winzigen, aber schon gut vorbereiteten Blüten und Blätter vor Kälte und Nässe. Wir können auch im Winter an den Knospen erkennen, welchen Baum wir vor uns haben!

Augen

An der Rinde vor allem der Buchenstämme sehen wir „Augen". Wenn die Bäume während des Wachstums Äste abwerfen entstehen an der Rinde Narben, die wie Augen aussehen. An den glatten Buchenstämmen sind diese Narben besonders auffällig.

Galläpfel

Auf der Unterseite der letzten Eichenblätter finden wir manchmal kleine rotbackige Galläpfel. Es sind die Brutkammern der Eichengallwespe. Sie legt im Frühjahr ihre Eier ins Blattgewebe und dieses wuchert kugelig, apfelförmig um jedes Ei herum. Im Sommer finden wir in den grünen Galläpfeln eine winzige Larve, die sich im Herbst verpuppt. Der Gallapfel verholzt und an warmen Wintertagen können wir das Ausschlüpfen der weiblichen Gallwespe beobachten.
Manchmal finden wir klumpenförmige Schwammgallen an den Spitzen der Eichenzweige. Diese stammen von einer flügellosen, ameisenähnlichen Gallwespe, die sich trotz Eis und Schnee aus dem gefrorenen Boden arbeitet, am Eichenstamm empor kriecht und mitten im Winter ihre Eier in die Zweigspitzen legt.

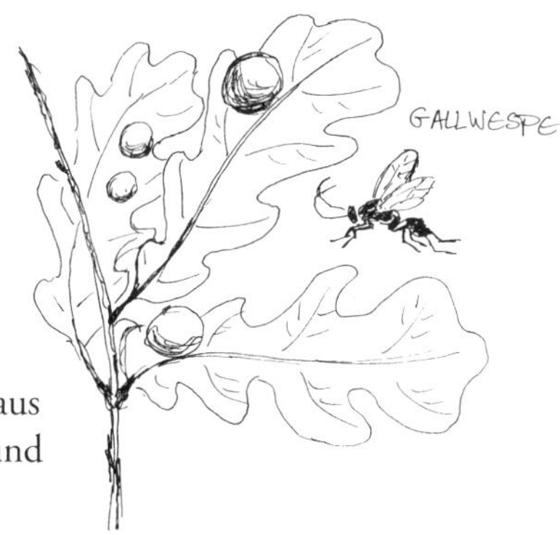

Info

Gallwespen

Gallwespen sind 1 bis 5 mm lang, wir können sie nur sehr selten sehen. Weltweit wurden schon 1600 verschiedene Arten entdeckt. Die meisten leben an Eichen, aber auch an Rosen oder Ahorn. Die Generation, die im Winter schlüpft, ist eingeschlechtlich. Diese Weibchen legen unbefruchtete Eier auf die Blätter, um die sich etwas kleinere Gallen bilden. Aus den sich darin entwickelnden Larven schlüpft im Frühsommer die zweigeschlechtliche Gallwespen- Generation.

Flechten

Flechten finden wir an der Wetterseite von Bäumen und auf Steinen in großer Formenvielfalt – als Geweihflechte, Bartflechte, Becherflechte. Sie bilden sich aus einer Symbiose zwischen Pilz und Alge. Mit ihrer ganzen Oberfläche nehmen sie aus der Luft Wasser und Nährstoffe auf. Flechten sind ein guter Indikator für Luftverunreinigungen! Ist die Luft sehr belastet, gibt es keine Flechten!

Baumschwämme

An Buchen und anderen Bäumen entdecken wir Baumschwämme, sie dringen mit ihren Wurzeln durch die Rinde in die saftführende Schicht ein, rauben dem Baum die Nährstoffe und unterbrechen den Safttransport. Auf diese Weise können die Baumschwämme einen Baum sogar töten, er stirbt ab und stürzt um. Die Pilze wachsen immer waagerecht, so dass die flache Seite nach unten schaut. An einem umgefallenen Baum kann man dadurch erkennen, welcher Schwamm schon am stehenden und welcher erst am liegenden Stamm gewachsen ist.

! Info

Buchenschwämme

Die Buchenschwämme waren früher ein wichtiges Hilfsmittel zum Feueranzünden. Sie wurden gesammelt, getrocknet und als sehr leicht entflammbares Material (Zunder) beim Feuer schlagen oder anreiben benutzt.

Misteln

In den Ästen und Zweigen der kahlen Bäume und Sträucher entdecken wir im Winter unterschiedliche Naturgebilde: Misteln, Hexenbesen und Vogelnester.

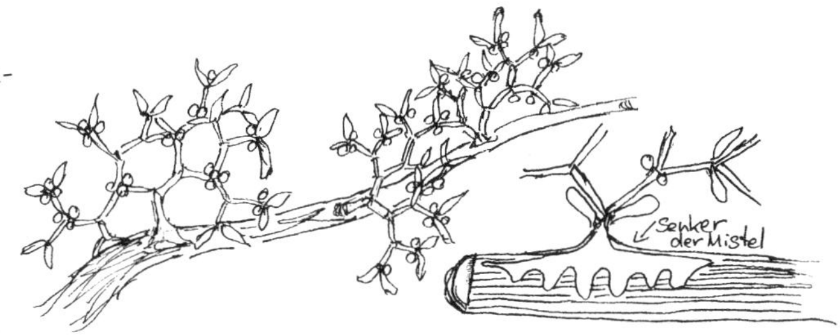

Misteln sind Schmarotzerpflanzen. Sie wachsen hauptsächlich auf Laubbäumen (Pappel, Apfel), man findet sie aber auch auf Kiefern. Die Mistel wächst langsam, die Verzweigungen verdoppeln sich von Jahr zu Jahr. Die weißen Beeren sind im Winter reif, werden von Misteldrosseln und Grasmücken gefressen und die Samen verbreiten sich durch das Abwetzen der Schnäbel. Der Mistelsame, der dann am Ast klebt, treibt seine Wurzeln in das Holz und ernährt sich vom Saft des Baumes. In vielen Gegenden werden Mistelzweige als Weihnachtsschmuck verkauft und über die Tür gehängt.

Mistelzauber

! Info

Misteln sind Heil- und Zauberpflanzen. In der Naturheilkunde werden Mistelpräparate zur Blutdruckregulierung und zur Eindämmung des Tumorwachstums eingesetzt.
Alle Asterix-Leser wissen, dass die Druiden auf die Bäume steigen, um Misteln für ihre Zaubertränke zu schneiden. Der Mistel wird auch heute noch eine gewisse Zauberkraft zugesprochen. Ein Paar, das sich unter einem Mistelzweig küsst, wird angeblich bald heiraten. Naturschützer wollen, dass die Misteln auf den Bäumen bleiben, da es immer weniger davon gibt. Ihr Tipp für Ehewillige: ein Kuss unter einer Mistel in der freien Natur.

Hexenbesen

Hexenbesen werden aus der Entfernung oft mit den kugelig wachsenden Misteln verwechselt. Es sind besenartig wuchernde Gebilde, die durch Sporen eines Pilzes hervorgerufen werden, die sich im Frühjahr auf dem Baum eingenistet haben. Die Knospen an dieser Stelle treiben besenartig aus. Anfangs trägt der Besen sogar Laub, später stirbt er ab.

Vogelnester

Überall in Bäumen, Büschen und im Dickicht entdecken wir im Winter verlassene Vogelnester, in vielerlei Formen und aus unterschiedlichsten Materialien (Zweige, Stroh, Heu, Lehm, Moos, Federn, Wolle …). Die meisten werden im nächsten Jahr nicht mehr bezogen, sondern neu gebaut, wir können sie also als Muster für unsere Nestbauten im Frühjahr mitnehmen. Eine Ausnahme bildet das Nest des Zaunkönigs, der oft darin überwintert.

Folgende Nester können wir finden:

- In Baumkronen: Bussard, Eule
- In dichten Nadelbäumen: Kreuzschnabel
- In Baumhöhlen: Specht
- In alten Spechthöhlen, deren Eingang mit Lehm kleiner gekleistert wurde: Kleiber
- In Astgabeln hängend: Pirol
- Im Dickicht: Zilpzalp
- In hängenden Beuteln: Beutelmeise
- An der Hauswand (Lehm): Mehlschwalbe
- Im Schilf: Schilfrohrsänger

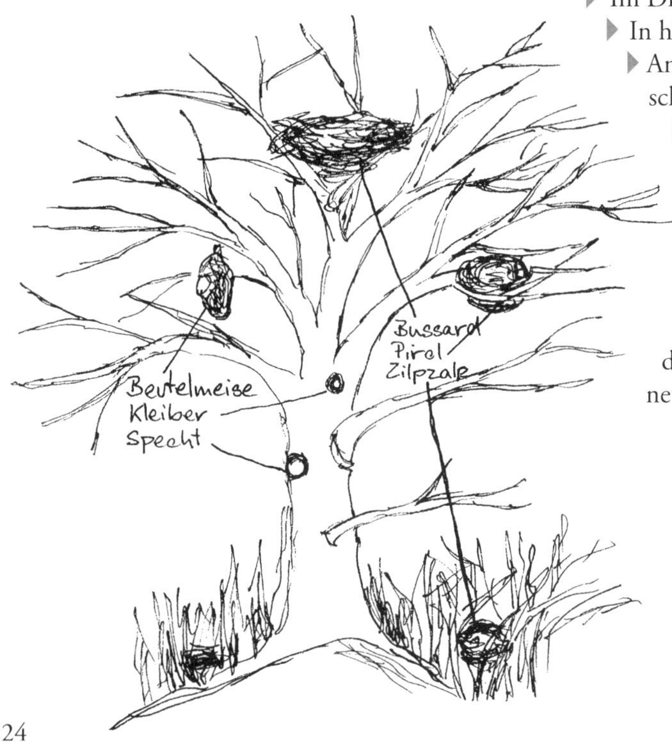

Im Herbst sind die Vögel in den Süden geflogen, im Winter finden wir ihre Nester. Im Frühjahr kommen sie zurück und wir können sie dann vielleicht beim Bau der neuen Nester beobachten.

Die Tiere im Winter

Ein sehr harter Winter

Kanon zu 4 Stimmen

Text und Musik: Karl G. Hering (1766–1853)

Wie und wo überwintern die Waldtiere?

Das *Rotwild* (Rehe und Hirsche) wird vom Förster an den Futterstellen im Wald versorgt. Wir können dafür Herbstfrüchte wie Kastanien, Äpfel oder Heu zum Forstamt bringen.
Der *Fuchs* kommt auf der Nahrungssuche näher an die Dörfer heran und versucht, in Hühner- und Entenställe einzudringen. Besonders gefährlich ist dies in sehr langen, harten Wintern oder wenn die Füchsin im späten Winter Junge hat und das Jagen im Wald zu viel Kraft kostet.
Das *Eichhörnchen* hält Winterruhe, kommt aber an schönen Tagen aus dem Kobel und versorgt sich aus den gesammelten Vorräten mit Nahrung. Vielleicht haben wir Glück und finden Pilze, die in der Baumrinde eingeklemmt sind. Sie gehören auch zum Wintervorrat des Eichhörnchens.
Die *Mäuse* suchen unter der Schneedecke noch nach Nahrung.
Der *Maulwurf* schläft nicht, er hat seine Gänge tiefer in die Erde, in den frostfreien Bereich gelegt. Auch die Regenwürmer, seine Hauptnahrung, haben sich in die tieferen Schichten zurückgezogen. Der Maulwurf findet also auch im Winter genug Nahrung. Er legt sich obendrein einen Regenwurmvorrat an, indem er die Würmer mit einem Biss ins Vorderteil lähmt. Die Würmer leben weiter, können aber nicht fortkriechen. Manchmal bedienen sich auch die Mäuse in dieser Speisekammer!

Feldhasen und *Kaninchen* halten keinen Winterschlaf. Die Hasen bekommen Ende Februar trotz Kälte und Schnee ihre in dichten Pelz verpackten Jungen und verstecken sie an einer geschützten Stelle am Feldrand. Die Kaninchen verbringen die meiste Zeit in ihrem Bau.
Der *Dachs* lebt hauptsächlich von seiner Fettschicht, kommt aber bei schönem Wetter heraus, entleert seinen Darm und sucht nach Eicheln und Bucheckern. Das Weibchen ist im Winter hochträchtig und bringt im Januar oder Februar die Jungen zur Welt.
Die *Feldhamster* graben im Herbst bis zu 2 m tiefe Löcher in die Erde. In diesem Bau lagert ein Hamster bis zu 20 kg Getreide ein, von dem er einmal in der Woche frisst.
Am längsten schlafen *Siebenschläfer, Haselmaus, Baum- und Gartenschläfer* (7 Monate) und in den Bergen die *Murmeltiere* (9 Monate). Sie leben alle vom vorher angefressenen Winterspeck.
Die *Igel* rollen sich unter einer dicken Laubdecke zusammen.
Alle Winterschläfer dürfen nicht geweckt werden, das kostet zuviel Energie, die sie trotz der stark reduzierten Körperfunktionen in der langen Schlafphase brauchen.

Erdkröten, Eidechsen, Blindschleichen und *Ringelnattern* haben sich meist mit mehreren Artgenossen ein geschütztes Winterquartier in Erdlöchern, tief unter Steinhaufen und in alten Stützmauern gesucht und liegen dort in Winterstarre. Sie kommen Anfang März mit den ersten Sonnenstrahlen wieder hervor.
Die *Fledermäuse* schlafen zu mehreren an der Decke hängend in Felsen- oder Baumhöhlen und kommen nur an warmen Wintertagen heraus, um Frostspanner (Falter) zu jagen.
Aus noch kälteren Gegenden kommen andere Vögel wie die *Saatkrähen* zu uns, um hier zu überwintern. Da der Boden bei uns nicht dauernd gefroren ist, finden sie immer Nahrung: Würmer, Mäuse, Eicheln, Beeren und die grünen Halme der aufgehenden Saat. Zum Schlafen treffen sie sich in großer Zahl auf einem Schlafbaum.
Weinbergschnecken und Schnirkelschnecken schützen sich vor Kälte und Austrocknung, indem sie sich unter Steinen, Holz und Laub verstecken und ihr Haus mit einem festen Kalkdeckel verschließen.

Naht der Winter,
geh ich ins Haus,
mache die Türe zu:
„Winter, bleib drauß!

Zu ist die Türe,
komme, wer will!
Ich bin zu sprechen
erst im April!“

Josef Guggenmos

Die meisten *Insekten* sterben im Winter. Sie legen aber vorher ihre Eier an geschützten Plätzen ab oder ihre Nachkommen sind als Puppen in der Erde oder in der Rinde von Bäumen versteckt, um zu überwintern.

Bei *Wildbienen, Wespen und Hornissen* überlebt nur die Königin, die im Frühjahr die neue Brut aufzieht. *Zitronenfalter, Tagpfauenauge und kleiner Fuchs* hängen in Winterstarre versteckt unter Baumrinden und in Höhlen. Die *Ameisen* überwintern in der Tiefe ihres Ameisenhaufens, der genauso weit unter die Erde führt, wie er oben hinausragt. Sobald es kalt wird, tragen sie ihre Larven in die Tiefe und holen sie erst wieder herauf, wenn es wärmer wird. Erstaunlich ist, dass sie trotz der langen Überwinterungszeit im Frühjahr die Wege zu den besten Futterplätzen wieder finden.

Erst die Frühlingssonne lockt die Tiere aus Winterschlaf, Winterstarre oder Winterruhe wieder hervor.

Die drei Spatzen

In einem leeren Haselstrauch
da sitzen drei Spatzen Bauch an Bauch.

Der Erich sitzt rechts und links der Franz
und mitten drin der freche Hans.

Sie haben die Augen zu,
und oben drüber schneit es, hu!

Sie rücken zusammen dicht an dicht,
so warm wie der Hans hat's niemand nicht.

Sie hör'n alle drei ihrer Herzlein Gepoch,
und wenn sie nicht weg sind, so sitzen sie noch.

Christian Morgenstern

Fraßspuren der Waldtiere

An den Fraßspuren können wir auch im Winter gut erkennen, welche Tiere im Wald unterwegs sind. Zu jeder Jahreszeit finden wir angefressene Zapfen, Nüsse und Gewölle. Im Winter liegen sie deutlich sichtbar auf dem weißen Schnee und wir können sie genau untersuchen. Jedes Tier hat eine andere Methode, um an die Samen in den Zapfen oder an die Nuss in der Schale heranzukommen. Die Reste, die wir finden, verraten uns, wer hier gefressen hat:

Specht

Der Specht steckt die Zapfen mit dem dicken Ende fest in eine Vertiefung im Baum. Dann hackt er den Zapfen von der Spitze her auf und frisst die Samen heraus. Er benutzt oft die gleiche Stelle zum Fressen, und man kann diese „Spechtschmieden" an den darunter liegenden, abgefressenen Fichtenzapfen erkennen. Auch Nüsse meißelt er in seiner Schmiede auf.

Eichhörnchen

Das Eichhörnchen hält die Spitze des Zapfens beim Fressen zwischen den Pfoten und beginnt, die Schuppen von unten her abzubeißen. Übrig bleibt die unsauber abgenagte Spindel des Fichtenzapfens, an deren Spitze noch alle Schuppen vorhanden sind. Haselnüsse nagt das Eichhörnchen rundherum oder an der Spitze auf, weil die Schale da am dünnsten ist. Man kann deutlich die Spuren der Zähne erkennen.

Mäuse

Die Mäuse sind die saubersten Fresser. Sie nagen die Spindeln der Fichtenzapfen ganz sorgfältig ab. In die Haselnüsse nagen sie ein kreisrundes Loch, das gerade so groß ist, dass sie die Nuss herausfressen können. Am Rand des Loches können wir die Spuren der Mausezähnchen erkennen!

Haselnussbohrer

Winzige kleine Löcher bohrt der Haselnussbohrer schon am Baum in die Nüsse. Der Haselnussbohrer ist ein Rüsselkäfer, dessen Weibchen im Frühsommer mit seinem langen gebogenen Rüssel in die noch weiche Schale ein Loch bohrt und ein Ei hineinlegt. Die weiße Larve frißt den

Kern völlig leer, die Nuss fällt frühzeitig ab. Die ausgewachsene Larve bohrt sich ein größeres Loch ins Freie und verpuppt sich in der Erde.

Fichtenkreuzschnabel

Der Fichtenkreuzschnabel schlitzt die Schuppen der Fichtenzapfen der Länge nach auf und frisst sich an den nährstoffreichen Samen satt, übrig lässt er völlig ausgefranste Zapfen. Die im Januar reifen Fichtensamen sind seine Hauptnahrung und er bekommt davon im Winter so viel, dass er sogar genügend Kraft und Energie hat, um zu brüten!

Rehe

Im Wald finden wir abgefressene oder angenagte Jungbäume, da haben sich die Rehe die frischen Spitzen und die Rinde schmecken lassen. Der Förster muss Pflanzungen von Jungbäumen mit Drahtzäunen schützen, sonst überleben sie den Winter nicht.

Grünspecht

In Ameisenhaufen entdecken wir oft kreisrunde Löcher, diese stammen vom Grünspecht, der hier auf Nahrungssuche war.

Greifvögel, Eulen und Käuzchen

Zu den Fraßspuren der Tiere gehören auch die Gewölle der Greifvögel, Eulen und Käuzchen. Gewölle sind die zusammengeklumpten Haare, Knochen und Zähne der Beute. Es ist sehr spannend, ein Gewölle auseinander zu nehmen und zu untersuchen, was der Vogel gefressen hat. Manchmal finden wir die Knochen von mehreren Mäusen in einem Gewölle!

Info

Gewölle

Die Eulenarten und Greifvögel fressen z. B. Mäuse mit Haut und Haar, können aber die Haare und Knochen nicht verdauen. Diese festen, unverdaulichen Bestandteile verklumpen sich im Magen und werden, wenn alle verdaubaren Teile herausgelöst sind, wieder herausgewürgt.

Wiese und Feld

Auf Spurensuche

Die eingeschneiten Wiesen und Felder, vor allem in der Nähe von Hecken oder Wäldern, sind ideale Plätze zum Spurensuchen, Spurenfinden, Spurenlegen.

Spuren von winzigen Zehen
Was ist da im Schnee zu sehen?
Spuren von winzigen Zehen,
eine kleine Maus –
hier kam sie heraus!
Verschwunden ist sie, husch,
in jenem Loch vor dem Haselbusch.

Zwischen den Tritten
fein
ein Strich.
Was kann's sein?
Da zog sie das Schwänzlein hinterdrein.

Josef Guggenmos

Fuß- und Pfotenspuren

Wir versuchen, die Spuren zu bestimmen. Wer ist da wohl vor uns gelaufen? Ein Hase, ein Reh, ein Eichhörnchen, ein Fuchs, ein Hund oder ein Vogel? An manchen Stellen haben die Tiere unter dem Schnee nach Nahrung gesucht, der Schnee ist aufgewühlt und die Erde schaut heraus. An anderen ist der Schnee einfach heruntergedrückt, da hat sich jemand an einem schönen Tag im Schnee gesonnt! Viele Spuren kreuzen sich und wir denken uns Geschichten dazu aus: Sind sich da zwei Tiere begegnet? Was haben sie sich erzählt? Oder sind sie zu verschiedenen Zeiten vorbeigekommen und haben nur geschaut, wohin die andere Spur führt? Wir ver-

folgen einzelne Spuren, bis sie sich in der Hecke oder im Wald verlieren und können auf diese Weise mit viel Glück ein Versteck entdecken. Wenn wir Vogelspuren entdecken und verfolgen, können wir sehen, wo der Vogel gelandet und wo er wieder gestartet ist. Am Landeplatz sehen wir nur die Fußabdrücke, am Startplatz finden wir neben den Fußspuren auch die Abdrücke der Schwingen.
Vielleicht sind ja auch schon andere Spaziergänger vor uns durch den Schnee gestapft! Große Füße, kleine Füße oder auch Ski- und Schlittenspuren können wir entdecken.

Spuren legen

Mit viel Spaß legen wir eigene Spuren:
- Wir hüpfen auf zwei Beinen.
- Wir machen Riesen- oder Zwergenschritte.
- Wir laufen rückwärts.
- Wir drücken unsere Körper im Schnee ab (Adler oder Engel), indem wir uns hinlegen, die Arme und Beine durch den Schnee hin- und herführen und vorsichtig aufstehen.
- Wir drücken unsere Gesichter oder die Hände in den Schnee.
- Wir rollen und kugeln uns durch den Schnee.

- Uns fallen sicher noch viele andere Spurenvariationen ein.
- Eine Fuchsjagd über die Wiese und durch den Wald kann uns eine ganze Stunde beschäftigen *(siehe Seite 18)*

Farbspuren

Für eine besondere Variation des Spurenlegens braucht jeder Teilnehmer ein Glas mit verdünnter Wasserfarbe und einen Pinsel. Jeder legt eine eigene Farbspur, er überlegt sich, welches Tier er sein möchte, was er auf seinem Weg alles erlebt, wen er unterwegs trifft usw. Die Spuren können einfache Farbkleckse oder auf den Schnee gemalte Tierspuren sein. Wenn alle Spuren gelegt sind, begeben wir uns auf die Suche, verfolgen die Farbkleckse und raten die Geschichten.

Spuren unter dem Schnee

Auch unter dem Schnee, zwischen altem Gras und Laub, ist viel los: Insekten, aber auch Mäuse haben sich hier zurückgezogen. Die Schneedecke hält die größte Kälte ab. Die Mäuse suchen in langen Gängen unter der vor Raubvögeln schützenden Schneedecke nach Samen, Kräutern und Wurzeln, die Feldmaus auch nach Insekten und Würmern.

Schneefiguren und Schneelandschaften bauen

Schneemann

Sobald der erste Schnee fällt, stürzen die Kinder zum Schneemannbauen aus dem Haus. Oft sieht man die braunen Spuren der Erde auf den dicken, gerollten Kugeln. Bei den ersten Versuchen werden wir gleich feststellen, ob sich der Schnee zum Bauen eignet.
Zum Einstieg in die Schneearbeit erzählt die Gruppenleiterin eine Eskimogeschichte. Wie leben die Eskimos in der ewig kalten Schneewelt? Wie wärmen sie sich? Was spielen sie? Was essen sie? Wenn wir viel Schnee haben, können wir gleich mehrere Eskimotage verbringen.

Schneemann, rolle, rolle

Volksweise

2. Schneemann, schau nicht trübe,
   kriegst ’ne rote Rübe
   mitten ins Gesicht hinein,
   das soll deine Nase sein.

3. Schneemann, lass dich malen,
   zwei Kartoffelschalen
   unterm alten Sonntagshut
   stehen dir als Ohren gut.

4. Schneemann, lass dich loben,
   bis die Sonne droben
   dich versengt mit Kleid und Fell,
   bleibst du unser Spielgesell.

Beim Aufbauen unserer Schneewelt sollten wir der Fantasie freien Lauf lassen. Alles ist möglich: große und kleine Tiere, Saurier, Drachen, Menschen und natürlich Häuser!

Fantasieschneewelt

Beim Aufbauen unserer Schneewelt sollten wir der Fantasie freien Lauf lassen. Alles ist möglich: große und kleine Tiere, Saurier, Drachen, Menschen und natürlich Häuser! Auch hier ist es wichtig, alle Anregungen der Kinder aufzugreifen und bei der Umsetzung zur Seite zu stehen.

Schneeburg

Mit Hilfe von Eimern formen wir viele in etwa gleich große Blöcke, die wir zu einer Schneeburg aufbauen. Die Blöcke werden wie beim Aufbau einer Steinmauer immer versetzt übereinander gestellt. Ein paar kleine Fenster lassen wir frei. Damit die Mauer stabil steht, müssen wir sie auf alle Fälle über Eck bauen. Wenn alle zusammenhelfen, entsteht eventuell auch eine vierseitige Mauer mit Zinnen obenauf. Viele Kinder sind wahre Experten, wenn es um Ritterburgen geht, und sie werden die Burg entsprechend ausstatten mit Tor, Brunnen, Schießscharten, Aussichtsturm, Pferdestall … Bis die Burg ganz fertig ist, dauert es sicher mehrere Tage. Zwischendrin sollten wir uns auch ein paar Spiele einfallen lassen. Wir können ein Zielschießen mit Schneebällen durch die Fensteröffnungen machen, wir stellen Zapfen auf die Zinnen und schießen sie herunter oder wir bestimmen eine Burgwache und alle anderen versuchen sich anzuschleichen. Wer es schafft, darf als nächster Wache sein, wer erwischt wird, wird mit Schnee beworfen!

 Wiese und Feld

Iglu

Die Blöcke für das Iglu stellen wir wie beim Burgenbau her. Der Grundriss für das Iglu ist rund und wir versuchen beim Bauen das Dach langsam wie ein Gewölbe zu schließen, indem wir die Blöcke in jeder Reihe ein wenig weiter nach innen versetzen. Alle Löcher stopfen wir mit Schnee zu. Wenn es richtig kalt ist, begießen wir das Iglu, das Wasser gefriert und die Mauern werden fester. Im fertigen Iglu rücken wir eng zusammen, spüren die Wärme, zünden Schneeball-Lichter an, fühlen uns wie richtige Eskimos und singen eines ihrer Lieder.

Atte katte nuwa

Von den Eskimos

Am Wasser

Die Faszination gefrorenen Wassers

Ganz neue Erfahrungen machen wir im Winter mit und am Wasser. Wenn es richtig kalt wird, frieren zunächst die kleinen Pfützen auf den Waldwegen zu. Da gibt es festes Eis, über das die Kinder gerne mit Anlauf schlittern und das dünne Eis, das sich in interessanten Mustern über einer Pfütze bildet und uns verlockt, es mit den Füßen zerkrachen zu lassen.
An kleinen Bächen, die im Winter wenig Wasser führen, bildet sich das Eis in ganz besonders schönen Formen. Das Wasser plätschert zwischen den Steinen durch, es bilden sich Eiszapfen, Eisperlen und größere Eisgebilde. An manchen Stellen sieht man das Wasser unter einer Eisschicht fließen und hört es dort auch glucksen. Wenn es über mehrere Wochen richtig kalt ist, gefrieren sogar die Wasserfälle, die uns einen faszinierenden Anblick bieten.

Vom Büblein auf dem Eis
Will sehen was ich weiß
vom Büblein auf dem Eis.

Gefroren hat es heuer
noch gar kein festes Eis.
Das Büblein steht am Wasser
und spricht so zu sich leis:
„Ich will es einmal wagen,
das Eis, es muss doch tragen.“ –
Wer weiß?

Das Büblein stampft und hacket
mit seinen Stiefelein.
Das Eis auf einmal knacket
und krach! Schon bricht’s hinein.

Das Büblein platscht und krabbelt
als wie ein Krebs und zappelt
mit Schrei'n.

„O helft ich muss versinken
in lauter Eis und Schnee!
O helft, ich muss ertrinken
im tiefen, tiefen See!"
Wär' nicht ein Mann gekommen,
der sich ein Herz genommen –
o weh!

Der packt es bei dem Schopfe
und zieht es denn heraus,
vom Fuße bis zum Kopfe
wie eine Wassermaus.
Das Büblein hat getropfet,
der Vater hat's geklopfet
zu Haus.

Friedrich Güll

Spiele auf dem Eis

Sehnsüchtig warten die meisten Kinder im Winter darauf, dass Teiche und Seen zufrieren. Die Temperaturen müssen aber längere Zeit weit unter 0° C liegen, bis die Eisdecke trägt. An einem Teich in der Nähe können wir beobachten, wo das Wasser zuerst gefriert. Gefriert es am Rand oder in der Mitte und was passiert an einem Zu- oder Abfluss?
Auch wenn die Eisdecke geschlossen erscheint, können wir noch nicht darauf gehen, sie muss wirklich dick und tragfähig sein, bevor wir uns darauf wagen. Vor allem in der Nähe von Zu- oder Abflüssen ist das Eis unsicher. Vorsicht ist auch in der Nähe von Entenlöchern geboten!

- Wenn Schnee auf dem Eis ist, räumen wir uns zuerst Bahnen frei.
- Mit dem geräumten Schnee bauen wir Schneefiguren aufs Eis.

- Wir schlittern über das Eis.
- Wir bewegen uns viel, damit es uns nicht kalt wird.
- Wir laufen Schlittschuh.
- Wir lassen kleine Steine oder Eisstücke zu einem Ziel schlittern.
- Wir haben in kleinen Dosen gefrorenes Wasser mitgebracht und schießen diese „Eisstöcke“ über das Eis.
- Wir spielen mit Stöcken und den Dosen Eishockey.
- Wir hören, wie das Eis knackt und kracht, weil es unter Spannung steht.
- Oder wir machen unseren Ausflug zum Teich zu einem Fantasiespaziergang.

Fantasie-spaziergang

Besuch bei den Nachbarn auf der anderen Seite des Sees im hohen Norden. Mit einer Geschichte von den Kindern aus Bullerbü (Astrid Lindgren) stimmt die Gruppenleiterin die Teilnehmer auf das Thema ein. Unterwegs spielt die Gruppe alles was der Leiterin einfällt. Wir treffen z.B. auf viele Hindernisse, die wir überwinden müssen: umgestürzte Bäume; Schneewehen, die wir wegschaufeln; einer versinkt im Schnee und wir ziehen ihn heraus; der Schlitten kippt um und wird mit vereinten Kräften wieder aufgestellt; wir halten Ausschau nach den Lichtern am anderen Ufer. Wir winken und rufen nach drüben; da steht unser Nachbar und hackt sein Angelloch größer. Wir helfen ihm dabei und halten die Angelruten ins Wasser. Wir beobachten Pinguine und Enten und watscheln wie sie übers Eis.

Das Leben unter dem Eis

Die Fische

Teiche und Seen gefrieren in sehr kalten Wintern bis in 80 cm Tiefe. Die Temperatur des Wassers am Grund von tieferen Teichen beträgt immer etwa 4° C. Hier können die kaltblütigen Fische teilweise im Schlamm liegend überwintern. Alle Teiche sollten aus diesem Grund mindestens einen Meter tief angelegt werden.

Die Frösche

Die Frösche sind wechselwarme Tiere, ihre Körpertemperatur ist im Winter so gering, dass sie in eine Kältestarre fallen. In einem größeren Weiher sitzen sie am Grund, wie die Fische im Schlamm vergraben und nehmen den notwendigen Sauerstoff über die Hautatmung aus dem Wasser auf. In flachen Gartenteichen können die Frösche erfrieren und sollten deshalb rechtzeitig in tiefere Gewässer gebracht werden.

Die Frösche

Ein großer Teich war zugefroren,
die Fröschlein in der Tiefe verloren,
durften nicht ferner quaken und springen,
versprachen sich aber im halben Traum,
fänden sie nur da oben Raum,
wie Nachtigallen wollten sie singen.
Der Tauwind kam, das Eis zerschmolz,
nun ruderten sie und landeten stolz
und saßen am Ufer weit und breit
und – quakten wie vor alter Zeit.

Johann Wolfgang Goethe

Die Wasservögel

Die Wasservögel, die bei uns überwintern, haben wie alle Vögel einen natürlichen Wärmeschutz. Sie plustern ihr Federkleid auf und erreichen dadurch eine sehr gute Isolierung. Nicht umsonst machen wir uns dieses Prinzip zu Nutze und schlafen bei großer Kälte unter Daunendecken oder in Daunenschlafsäcken. Die Federn streichen die Enten immer wieder mit Fett aus ihrer Fettdrüse ein, auf diese Weise sind sie vollkommen wasserabweisend, es kann also weder das kalte Wasser noch die kalte Luft den Enten etwas anhaben. Wichtig ist für sie ein Bereich im See, der nicht zufriert, damit sie auch im Winter unter Wasser auf Nahrungssuche gehen können.

Enten schlittern auf dem Eis
hin und her und auch im Kreis.
Ab und zu bleiben sie stehn,
können vor Kälte nicht mehr gehen.
Wärmen Füße wie es Brauch,
an dem warmen Entenbauch.
Alle mit den Flügeln flattern
und die Entenschnäbel schnattern.
Kommt der böse Fuchs daher,
ist das Eis gleich wieder leer.

Entenspiel im Winter

Die Kinder schlittern als Enten auf dem Eis – bleiben stehen, ziehen ein Bein an, dann das andere.
Sie flattern mit den Flügeln (Armen) und schnattern laut wie Enten.
Die Eltern schleichen sich als Füchse an, die „Enten" versuchen zu entkommen, werden aber von den Füchsen gefangen.

In den Bergen

Der Winter in den Bergen ist von einer ganz besonderen Stimmung geprägt. Auch wenn im Tal oder in den Städten wenig oder kein Schnee liegt, ist hier alles weiß. Bäume, Wiesen, Felder, Hügel und Hütten liegen unter einer dicken, weißen, sauberen Decke. Der Schnee reflektiert das Licht und es hat den Anschein, als wäre es heller als sonst. Die Luft ist klar, kalt und sauber, die Geräusche sind gedämpft und oft hören wir nichts als das Knirschen des Schnees unter unseren Füßen. In der Nähe des Waldrands und bei Baumgruppen entdecken wir in den weißen Flächen unzählige Tierspuren, die sich verfolgen, kreuzen und in die Büsche führen.
Wenn wir dieses Bild in uns aufnehmen können, erspüren wir ein bisschen von den Zusammenhängen in der Natur, vom Werden und Vergehen, von den immer wiederkehrenden Kreisläufen, vom Wechsel zwischen Aktivität und Ruhe. Wir lassen uns auch von der Unberührtheit des Schnees abseits der Wege beeindrucken. Selbst in gut besuchten Skigebieten finden wir Plätze, an denen wir die reine Natur genießen und pure Lebenskraft schöpfen können.

Schlittenfahren

Fingerwetter
Wann sprechen meine Finger netter
von diesem schlechten Winterwetter?
Dumedott schimpft: „Wenn's regnet,
niemand mir begegnet!“
Lickepott haucht: „Wenn's draußen schneit,
ist's aus mit meiner Fröhlichkeit!“
Langelott brummt: „Wenn's hagelt,
bin ich wie vernagelt!“
Ringeling kreischt: „Wenn d' Sonne streikt,
mein Ring keinen Glanz mehr zeigt!“
Lüttjeding ruft: „Wenn's friert und kracht,

wart ich, bis die Sonne lacht,
schlüpf in meinen Anorak,
saus den Berg mit'm Schlitten 'nab!"

Der jeweilige Finger wird angetippt und bewegt, mit der Stimme ahmen wir die verschiedenen Stimmungen nach.

Nicht nur Kindern gefällt das Schlittenfahren, auch die Erwachsenen können dabei wieder zum Kind werden! Schon beim ersten Schnee ziehen die Kinder ihre Schlitten auf Hügel und kleine Berge, um dann mit Juchee wieder hinunter zu fahren. Die Kleinsten sitzen zusammen mit ihren Eltern auf dem Schlitten, die Großen suchen sich steilere Abhänge oder sogar Schanzen, um noch mehr Spaß zu haben. Alle spüren den Fahrtwind im Gesicht und das Kribbeln im Bauch, wenn es bergab geht. Auch wenn es weniger lustig ist, den Schlitten wieder nach oben zu ziehen, so hält es uns doch warm und macht müde. Alternativ zum Schlitten können wir auch auf Bobs, Rutscherln, Schläuchen von Autoreifen, Plastiktüten oder dem Hosenboden rutschen!

Winterwanderung

Eine Winterwanderung führt uns durch eine traumhafte, verzauberte Landschaft. Auf unserem Weg können wir viele geheimnisvolle Dinge entdecken. Schon die Spuren im Schnee geben uns Rätsel auf *(siehe Fuß- und Pfotenspuren Seite 30f.)*. Wir haben großes Glück, wenn wir ein „Rehbett", einen Platz, an dem die Rehe schlafen, entdecken. Im Schnee kann man ihre Fußspuren erkennen und an ihren Liegeplätzen ist der Schnee plattgedrückt und voller Haare aus ihrem Fell. Auch wenn es noch so verlockend ist, sollten wir jedoch die Wege im Bergwald nicht verlassen! Denn alle Tiere müssen mit ihrer Energie im Winter sehr gut haushalten. Sie sind

im Winterschlaf oder in Winterruhe und jedes Aufschrecken bedeutet für sie einen Energieverbrauch, den sie wegen der reduzierten Nahrungsaufnahme kaum ausgleichen können.
Wenn wir durch den tiefen Schnee auf freien Hängen stapfen, werden wir gleich merken, wie anstrengend das ist. Nicht nur Eskimos und Indianer haben sich zum Jagen im Schnee Schneeschuhe angezogen, auch bei uns war es üblich, mit Schneeschuhen zu wandern, bevor die Menschen auf Skier umstiegen. Heute entwickelt sich das Schneeschuhwandern wieder zu einer Attraktion.

Schneeschuhe

Wer viel Geduld hat, kann sich aus Weidenruten, einer festen Kordel und evtl. einem Stück Linoleum selber Schneeschuhe bauen, mit denen er nicht mehr im Schnee einsinkt.

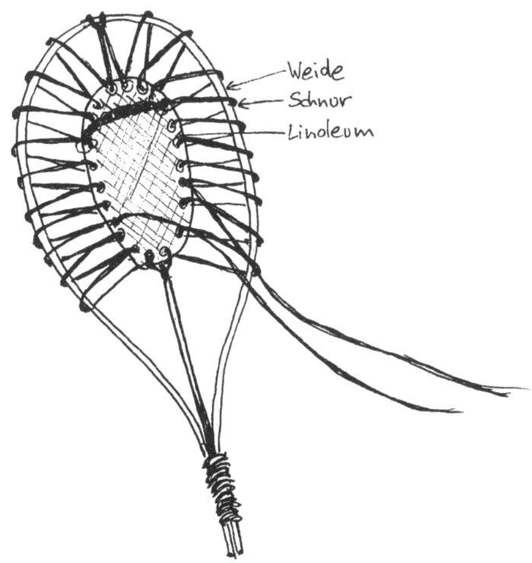

Naturbeobachtungen im Winter auf einen Blick

Im Dezember

- Die Wintermücken tanzen an milden Wintertagen. Sie besiedeln die Alpen bis in 3000 m Höhe!
- Die Eichengallwespen schlüpfen an warmen Tagen aus den rotbackigen Kugeln unter den Eichenblättern.
- Die Saatkrähen aus Nord- und Osteuropa sammeln sich abends in großen Schwärmen an ihren Schlafplätzen, tagsüber fressen sie sich auf Feldern und Müllkippen satt.

Im Januar

- Möwenschwärme kommen vom Meer und erobern die Müllhalden.
- Auf den Seen entdecken wir die Wintergäste aus dem Norden wie Schellente, Zwergtaucher, Reiherente, Singschwan und Gänsesäger.
- Weitere Wintergäste aus Skandinavien sind: Wintergoldhähnchen, Bergfinken und auch die Rotkehlchen.
- Spechte und Kleiber sind jetzt gut an den kahlen Baumstämmen zu beobachten.
- Waldohreulen dringen bei Kälte bis in die Städte vor.
- Die ersten Frühjahrsgesänge von Kohlmeise, Feldlerche und Waldkauz sind schon zu hören.
- Die Vögel können wir besonders gut bei der Fütterung am Vogelhäuschen beobachten.
- Im Schnee finden wir viele verschiedene Tierspuren.
- Fußspuren von Fuchs, Hase, Reh, Vögeln und Mäusen,
- Fraßspuren an Sträuchern und Bäumen und an den auf der Erde liegenden Zapfen und Nüssen.
- Wenn wir Glück haben, entdecken wir auch das Gewölle eines Kauzes oder einer Eule.

Im Februar

- Im Vorfrühling öffnen sich die Kiefernzapfen und ihre Samen segeln langsam zu Boden.

- Wir finden von Specht, Eichhörnchen oder Mäusen abgefressene Fichtenzapfen.
- Die ersten Büsche (Haselnuss und Erle) und Blumen (Schneeglöckchen, Märzenbecher, Winterling und Christrose) blühen.
- Wenn der Schnee wegtaut, entdecken wir keimende Bucheckern, Eicheln und andere Samen.
- Ist es über 12° C warm, schwärmen die Bienen zu ihrem ersten Reinigungsflug aus.
- Die ersten Zugvögel (Stare, Singdrosseln und Bachstelzen) kehren zurück. Sie fangen mit den überwinternden Vögeln an zu singen und Nester zu bauen.
- Die Wasservögel wechseln ihr Gefieder und bekommen wieder ihre Sommerfarben. Die Lachmöwe z.B. ist im Winter schneeweiß, im Frühling färbt sich ihr Kopf schokoladenbraun.

Im März

- Buschwindröschen, Huflattich, Leberblümchen und andere Frühblüher nutzen die Sonnenstrahlen, die bis zum Boden vordringen.
- Zitronenfalter, kleiner Fuchs und Tagpfauenauge, erwachen aus ihrer Winterstarre.
- Bienen, Hummeln und Falter laben sich am ersten Nektar der Weiden.
- Weitere Zugvögel kehren zurück.
- Die Kiebitze kommen immer zum gleichen Brutplatz zurück und vollführen attraktive Balzflüge.
- Das Trommeln der Spechte hat mehrere Funktionen: das Revier wird abgesteckt, das Weibchen wird angelockt und die neue Nisthöhle wird gebaut.
- Die Igel erwachen aus dem Winterschlaf.
- An warmen Tagen, Ende März, beginnt in der Dämmerung die Laichwanderung der Grasfrösche und Erdkröten.

Forschen, Werken und Spielen mit Schnee, Eis und Naturmaterial

Schnee

Der Schneemann und Schneefrau *die stehen auf ihrem Platz,* *doch wenn ganz warm die Sonne kommt* *zerfließen sie zu Matsch.*	Beide Fäuste auf den Tisch stellen. Handflächen auf den Tisch.
Der Schneemann und Schneefrau *die halten einen Schwatz,* *doch wenn dann noch der Regen fließt* *ist's aus mit ihnen – klatsch.*	Beide Fäuste auf den Tisch, die Daumen nicken einander zu. In die Hände klatschen.

Schnee ist weich, weiß, leicht, zerschmilzt auf der Hand, er ist sehr vergänglich, er kann je nach Luftfeuchtigkeit und Temperatur pulvrig trocken oder klebrig feucht sein, Schnee isoliert. Was fällt uns noch alles zum Thema Schnee ein? Wir probieren verschiedene Sachen aus.

Experimente mit Schnee

- Woraus besteht Schnee? – Aus vielen Schneekristallen und noch mehr Luft!
- Was passiert, wenn wir einen festen Schneeball in kaltes Wasser legen? – Er schwimmt und schmilzt langsam.
- Was passiert, wenn wir einen Topf voll Schnee auf den Herd stellen und erhitzen?
- Wieviel Wasser wird aus einem Liter Schnee?
- Wieviel Schnee brauchen wir, um einen Liter Wasser zu erhalten? Die Bergsteiger, die sich im ewigen Eis bewegen, müssen immer Unmengen

Schnee schmelzen, um ihre Tagesration an Flüssigkeit zu bekommen.

- Wir messen mit einem Thermometer die Temperatur im Schnee und unter dem Schnee.
- Verändert sich die Temperatur im Schnee genauso wie die Lufttemperatur?
- Warum isoliert Schnee? – Die Luft im Schnee isoliert und hält noch tiefere Temperaturen ab.
- Was geschieht im Winter unter einer hohen Schneedecke im Garten? – Trotz Winterkälte und Schneedecke entwickelt sich neues Leben und Wachstum im Boden.

Schneeball-Lichter

Eine ganz einfache Lichterdekoration machen wir uns im Winter aus Schneebällen. Wir formen unterschiedlich große Schneebälle und drücken von oben ein Teelicht hinein. Diese Lichter sind eine wunderschöne Beleuchtung für unsere Waldweihnacht.

Schneekerzen

Wir drücken mit den Händen etwa 5 cm tiefe Formen in den Schnee, streichen die Wände ganz glatt und gießen flüssiges Wachs hinein, das wir vorher im Wasserbad erwärmt haben. Wir nehmen dazu Kerzenreste, deren Farbe wir mit einem Stück Wachsmalkreide auffrischen können. Das Wachs darf nicht zu heiß sein, sonst schmilzt zu viel Schnee weg, bevor das Wachs erstarrt. Wenn sich auf der Oberfläche eine Haut gebildet hat, stecken wir ein Stück Docht in das Wachs und warten mit dem Ausgraben, bis die Kerze vollkommen hart ist.

Schneeflocken fangen

Wenn man eine Schneeflocke mit der Hand fängt, schmilzt sie sofort. Es gibt aber eine Möglichkeit, sie für kurze Zeit festzuhalten, indem man eine dunkle Pappe draußen abkühlt und mit dieser ein paar Schneeflocken auffängt. So können sie die Kinder mit der Lupe betrachten und sich an den tollen Formen freuen.

Schneeflöckchen

Ich falle vom Himmel
In wirrem Gewimmel
Ich schimmre
Und flimmre
Und decke das Land
Zahllos wie Sand.

Doch unversehens im Sonnenschein
Schleich' ich
Und weich' ich
Und schlüpf' ins Dunkel
Der Erde hinein.

Friedrich Güll

Winterschleckereien

Für manche beliebte Leckereien braucht man den Schnee und die Kälte! Ein paar Beispiele sind hier zusammengestellt:

Schnee-Softeis

In einem Aluminiumschüsselchen mischen wir ½ Tasse Milch, 1 Teelöffel Zucker, 1 Löffel Sahne und etwas Vanille. In ein größeres Gefäß füllen wir ganz viel Schnee ein und setzen unser Aluschüsselchen hinein. Wichtig ist, dass der Schnee überall dicht an dem Schüsselchen anliegt. Jetzt schaben wir mit einem Holzlöffel immer wieder die an der Wand gefrorene Schicht ab und verrühren sie mit der Milch. Langsam wird die ganze Masse immer fester und nach etwa 20 Minuten haben wir ein leckeres, cremiges Softeis.

Eis mit heißen Himbeeren

Noch leckerer wird es, wenn wir zu unserem selbstgemachten oder zu einem gekauften Eis gefrorene Himbeeren erhitzen. Die heißen Früchte bringen das Eis zum Schmelzen. Wir beobachten was passiert und können gleichzeitig schlecken!

Eiskonfekt

Eiskonfekt gibt es auch im Geschäft nur im Winter, denn es schmilzt in der Sonne noch leichter als Schokolade!
Zutaten: 125 g Kokosfett, 200 g Puderzucker, 60 g Kakao, Vanillepulver.
Wir schmelzen das Kokosfett im Topf oder in einer Schüssel im Wasserbad. Die restlichen Zutaten werden gesiebt und in das flüssige Fett eingerührt. Wir rühren die Masse glatt und füllen sie in kleine Pralinenförmchen, die wir hinaus in den Schnee stellen. Nach 10 Minuten ist das Konfekt fest, kann aus der Form gelöst und natürlich sofort probiert werden.

Schneelandschaften malen

Wir malen mit weißen Wachsmalblöcken eine Schneelandschaft auf weißes Papier. Die Gruppenleiterin erzählt dazu eine Schneegeschichte. Ein Beispiel:
Am letzten Sonntagmorgen, als ich aus dem Fenster schaute, sah ich, wie ganz vereinzelt Schneeflocken langsam vom Himmel herab segelten. Mit der Zeit wurden es immer mehr und ich konnte meinen Blick nicht mehr von dem immer dichter werdenden Schneetreiben abwenden. Plötzlich hatte ich große Lust, hinaus zu gehen und zog mich ganz schnell an. Draußen waren schon viele Kinder mit ihren Schlitten zum nächsten Hügel unterwegs. Vor lauter Schnee hatten alle ganz weiße Mützen auf und weiße Jacken an. In den Gär-

ten und im Park rollten die Kinder riesige Schneebälle und bauten daraus Schneemänner, Schneefrauen, Schneekinder und Schneetiere. Eine Kindergruppe baute an einem riesigen Schneedrachen und eine andere an einem Schneehaus, einem Iglu. Inzwischen war alles weiß. Die Erde war weiß, die Bäume hatten weiße Hauben auf ihren Ästen und die Büsche bogen sich unter dem Schnee zu Boden. Am Schlittenberg riefen die Kinder: Aus der Bahn, Kartoffelschmarrn!, und sausten den Berg herunter. Unten bewarfen sich zwei Gruppen mit Schneebällen. Sie hatten schon vorgearbeitet und jede Mannschaft hatte einen Berg Schneebälle vor sich liegen …

Während des Erzählens können die Kinder alles, was sie möchten, unsichtbar, weiß auf weiß, auf ihrem Blatt verewigen. Die große Überraschung kommt, wenn wir das ganze Bild mit hellblauer Wasserfarbe übermalen und damit das Gemalte sichtbar machen.

Die Geschichte hat in uns die Lust geweckt, selber hinaus zu gehen und im Schnee zu bauen. Wir lassen der Fantasie freien Lauf und bauen lustige Figuren.

Eis

Köstliche Blumen
Köstliche Blumen weiß ich blühn,
ohne Wurzeln und Blättergrün.
Sie prangen so kristallenzart
und sind von wunderlicher Art.
Ein seltener Meister hat sie gemacht.
Aus der Nacht lässt er sie blühen in den Tag.
Niemand lebt, der sie pflücken mag.

Robert Walter-Freyr

Die ersten zarten Zeichen der klirrenden Kälte sind Eisblumen am Fenster. Bei den heute gebräuchlichen Isolierglasscheiben sind sie nicht mehr so oft zu bewundern. Wenn wir sie entdecken, dann sollten wir sie uns genau anschauen und mit einer Lupe untersuchen.

Experimente mit Eis

Eis ist gefrorenes Wasser. Eis ist hart, kalt und durchsichtig klar, manchmal weiß. Es schmilzt in unserer Hand, aber es ist so kalt, dass wir es kaum halten können. Eis ist rutschig, wir können darauf gleiten. Eis hat große Kraft.

- Wir legen Eiswürfel und andere Eisstücke in eine Glasschüssel mit Wasser, was passiert? – Die Eiswürfel schwimmen!
- Welcher Teil der Eisstücke ist unter dem Wasser, welcher Teil ist über dem Wasser? Die riesigen Eisberge in der Arktis schauen nur zu einem Siebtel aus dem Meer heraus!

- Wir lassen Wasser in einem Glas gefrieren. Den oberen Rand des Wasserstands haben wir markiert. Beim Gefrieren vergrößert sich das Volumen! Die Oberfläche wölbt sich, wenn das Wasser schnell gefriert.
- Wir legen eine geschlossene, mit Wasser gefüllte Glasflasche bei Minusgraden in einer Plastiktüte ins Freie. Was passiert? – Das Gleiche versuchen wir mit einer Plastikflasche.
- Wir lassen Eiswürfel in einem Topf auf der Herdplatte schmelzen und fangen gleichzeitig den aufsteigenden Wasserdampf mit einem Deckel,

den wir über den Topf halten, auf. Wir erleben dabei alle Zustände, die das Wasser annehmen kann, gleichzeitig: Eis, Wasser, Dampf und wieder Wasser.

Spiele mit Eis

- Wir lassen Eisstücke über eine glatte Fläche z. B. den Fußboden schlittern. Sie gleiten schnell dahin, auch wenn sich schon etwas Schmelzwasser gebildet hat. Wir versuchen auf ein Eisstück zu zielen oder die anderen wegzuschießen.
- Wir versuchen die Eisstücke mit Strohhalmen über den Tisch zu blasen.
- Auf Suppentellern gefrieren wir Eisscheiben und lassen sie wie Eisstöcke über den Boden gleiten.

Eiszapfen herstellen

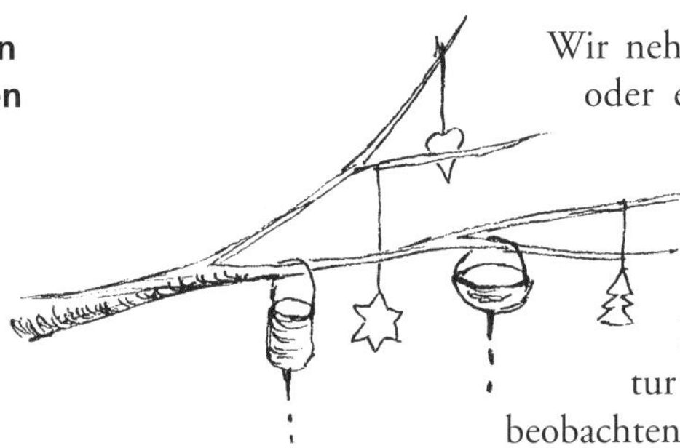

Wir nehmen eine Blechdose, einen Jogurtbecher oder eine Kokosnuss und bohren ein kleines Loch in den Boden, so dass das Wasser ganz langsam heraustropfen kann. Dann hängen wir das Gefäß draußen an einer schattigen Stelle auf und gießen bei Frost Wasser hinein. Stimmt die Temperatur und die Größe des Löchleins, können wir beobachten, wie sich ganz langsam ein Eiszapfen bildet. Dieser Versuch klappt sicher nicht beim ersten Mal. Wenn die Sonne dorthin scheint, müssen wir unser Gefäß an eine andere Stelle hängen, und wenn das Loch zu groß ist, läuft das Wasser zu schnell heraus. Zum Experimentieren brauchen wir einfach etwas Geduld. Dies gilt auch für das Eiskugeln blasen.

Eiskugeln blasen

An einem Frosttag stellen wir eine Schale mit Seifenlauge (in Wasser aufgelöste Kernseife) nach draußen. Sobald sich auf der Oberfläche die ersten Eiskristalle bilden, steckt man einen Strohhalm in die Schale und versucht ganz vorsichtig, Seifenblasen zu blasen. Diese gefrieren schon am Strohhalm zu feinen Eiskugeln, die man ganz sacht auf dunkles Papier legt. Wir können beobachten, dass sich die Eiskristalle beim Gefrieren verändern.

Eissterne und Eisschmuck

In eine flache Schale mit Wasser legen wir Ausstechförmchen und stellen sie über Nacht ins Freie. Mit Hilfe von warmem Wasser lösen wir den Schmuck aus den Förmchen und stechen mit einer heißen Nadel ein Loch zum Aufhängen durch. Wir können auch Schokoladenförmchen oder Keksformen mit Wasser füllen.

Eiszapfen-kunstwerke

An sehr kalten Tagen können wir aus Eiszapfen oder anderen Eisstücken Kunstwerke herstellen. Wir kleben sie mit Hilfe von Wasser zusammen. Die verschiedenen Eisstücke tauchen wir in Wasser und halten sie aneinander. Wenn es kalt genug ist, gefrieren die Stücke sehr schnell zusammen. Andy Goldsworthy hat mit dieser Methode große Kunstwerke aus Eiszapfen und Eisschollen geschaffen. Wichtig dabei ist warme Kleidung und vor allem gute Handschuhe!

Eislampe

Genauso wie den Eisschmuck können wir raffinierte Eislampen herstellen. Wir stellen über Nacht bei einer Temperatur von mindestens – 6° C einen Eimer mit Wasser ins Freie. Das Wasser gefriert an der Oberfläche und an der Wand des Eimers, der Boden bleibt offen. Am nächsten Tag drehen wir den Eimer um und schütten das Wasser vorsichtig heraus. Jetzt haben wir eine wunderschöne Eislaterne, die mit Hilfe einer Kerze unseren Hauseingang oder unser Abendsingen stimmungsvoll beleuchtet.

Eis und Salz

Info

Wenn es gefriert und sich auf den Gehwegen und Straßen eine gefährliche Eisschicht bildet, wird oft Salz gestreut. Das Salz taut das Eis auf, da es den Gefrierpunkt des Wassers herabsetzt. Salz ist aber für den Boden sehr schädlich! Weder die Bodenlebewesen noch die Pflanzen vertragen es.

Experiment mit Eis und Salz

Wir stellen bei starker Kälte eine Schüssel mit Wasser ins Freie und legen ein Thermometer hinein. Bei 0° C gefriert das Wasser. In das gerade gefrierende Wasser geben wir etwas Salz. Was passiert? – Das Eis löst sich

wieder auf. Wenn wir auf unser Thermometer schauen, sehen wir, dass die Temperatur unter 0° C sinkt und das Wasser trotzdem nicht gefriert. Diese Tatsache wird auch bei der Funktion einfacher Eismaschinen ausgenützt. Wenn in dem doppelwandigen Gefäß nur Eis in der äußeren Schale ist, dauert es sehr lange, bis das Speiseeis fest wird, da die Eisstücke nicht überall an der inneren Schüssel anliegen. Vermischen wir das Eis mit Salz, dann schmilzt es, behält aber eine Temperatur weit unter 0°C. Dieses Salzwasser kühlt das innere Gefäß wesentlich besser, der Gefriervorgang erfolgt viel schneller.
Auch wir können uns diese Eigenschaft bei der Softeisherstellung *(siehe Seite 48)* zu Nutze machen, müssen aber dabei sehr aufpassen, dass kein Salzschnee in unser Eis gelangt.

Naturmaterial

Werken

Im Winter haben wir viel Zeit, um mit unseren während des Jahres gesammelten Naturmaterialien kreativ zu werken.

- Aus gepressten Blättern und Blüten kleben wir Bilder.
- Aus Rinden, Moos und Zapfen machen wir Kerzenständer für unsere selbst hergestellten Kerzen.
- In kleinen Schachteln, auf Rinden oder kleinen Baumscheiben bauen wir uns Zwergenlandschaften.
- Aus frisch geschnittenen Haselzweigabschnitten schnitzen wir uns kleine Zwerge, deren Zipfelmütze wir mit Wasserfarbe bunt bemalen.
- Wir bauen uns kleine oder große Krippenlandschaften aus Wurzeln, Rinde, Moos usw.

- Wir versetzen uns in ein Tier, das Winterschlaf hält und versuchen diese Haltung in Ton nachzuformen *(siehe Seite 56).*
- Wolle ist ein Material, aus dem wir Bilder legen, Püppchen binden oder Bälle filzen *(siehe Seite 57 f.)*

Je mehr wir uns mit den unterschiedlichen Materialien beschäftigen, um so mehr Ideen werden wir haben. Der Fantasie sind hier keine Grenzen gesetzt.

Spiele mit Samensäckchen

Wir nähen uns kleine Säckchen, etwa 15 × 15 cm groß und füllen sie mit getrockneten Bohnen, Erbsen oder Getreide. Mit diesen Samensäckchen machen wir die tollsten Spiele. Wichtig ist, dass jeder Spieler eines hat.

- Wir reiben das Säckchen zwischen den Händen.
- Wir legen sie nebeneinander und befühlen und vergleichen sie.
- Wir laufen immer wieder mit nackten Füßen darüber.
- Wir werfen die Säckchen hoch und fangen sie auf.
- Wir werfen sie uns gegenseitig zu, auch im Sitzen.
- Wir versuchen, sie mit einer Hand zu fangen.
- Wir legen sie auf den Kopf und balancieren sie durch den Raum.
- Wir klemmen sie zwischen die Knie und hüpfen damit.
- Im Stehen legen wir uns das Säckchen auf den Fuß und heben oder werfen es hoch.
- Wir greifen es mit den Zehen.
- Wir werfen uns das Säckchen gegenseitig mit dem Fuß zu.
- Wir werfen es rückwärts über den Kopf und fangen es wieder auf.
- Wir werfen es durch die Beine zu einem Partner.
- Wir bewerfen uns gegenseitig und versuchen, nicht getroffen zu werden.
- Wir fahren auf den Säckchen Schlittschuh.

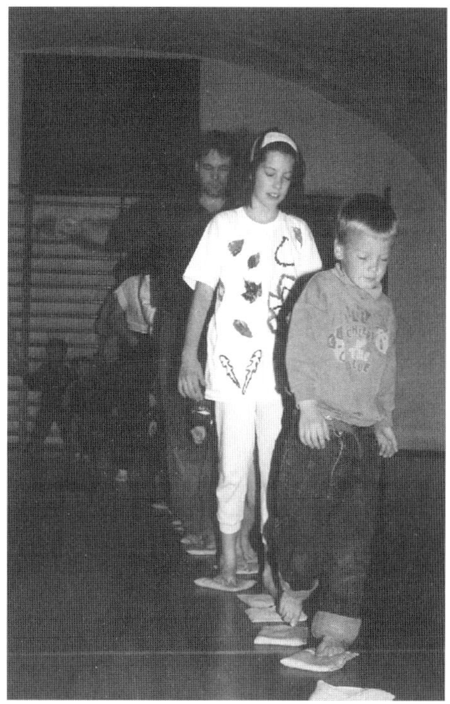

- Wir massieren uns gegenseitig mit den Säckchen.
- Wir sitzen im Kreis und geben die Samensäckchen mit den Füßen weiter.
- Mit zwei Säckchen machen wir einen Wettkampf – ein Säckchen versucht das andere zu fangen.
- Alle werfen die Säckchen gleichzeitig hoch, jeder versucht ein anderes zu fangen.
- Wir greifen alle Kunststücke, die die Kinder erfinden, auf und machen sie nach.
- Zum Aufräumen machen wir ein Zielwerfen in einen Korb.
- Wir greifen die Samensäckchen mit den Zehen und werfen sie in den Korb.

Es gibt noch unzählige Möglichkeiten, mit den Säckchen zu spielen und sicher fällt uns noch mehr ein. Wir spielen alle Variationen durch! Wir können die Samensäckchen auch begleitend zu rhythmischen Sprüchen werfen.

Tiere aus Ton, Knete und Salzteig

Um die Kinder auf die Arbeit einzustimmen, erzählt die Gruppenleiterin eine Geschichte von den Tieren, die sich im Herbst ein gemütliches Nest schaffen, sich ihren Winterspeck anfressen und schließlich in ihre gepolsterte Höhle unter der Erde oder auf einem Baum zurückziehen. Die Kinder versetzen sich in Gedanken in ein Tier, rollen sich zusammen und kuscheln sich, wenn möglich unter einer Decke, ein. Diese Haltung sollen sie im Gedächtnis bewahren, bevor sie aufstehen, sich an den Tisch setzen und an die Arbeit machen.

Jedes Kind bekommt einen kleinen Klumpen Ton, aus dem wir zuerst eine Kugel formen. Die Kugel drücken wir leicht zusammen und schauen, welchem schlafenden Tier sie ähnlich sieht. Könnte es ein zusammengerollter Igel, eine Haselmaus, ein Eichhörnchen, ein Kaninchen oder ein Bär sein? Mit leichten Veränderungen können wir die Form verdeutlichen, die Geste, die die Kinder vorher im eigenen Spiel erlebt haben, herausholen. Auf diese Weise können vielleicht sogar mehrere Tiere entstehen. Ein im Schlaf liegendes Tier zu formen ist viel einfacher als ein stehendes oder gar eines in Aktion, hier sind die Proportionen schwerer zu erfassen.

Für kleine Kinder ist der Ton oft zu fest und zu kalt. Wir können daher auch Knete, Salzteig oder angewärmtes Knetwachs verwenden.

Rezept für Salzteigknete:
Etwa 400 g Mehl, 200 g Salz, 2 Esslöffel Alaun, ½ l kochendes Wasser, 3 bis 4 Esslöffel Öl, etwas Farbpulver
Alle Zutaten werden gut miteinander verknetet, zum Aufbewahren muss man den Teig luftdicht verschließen.

In diesen Materialien können wir viele Themen bearbeiten z. B. Ritterburg, Stadtmauer, Häuser, Bauernhof oder zur Weihnachtszeit Krippe mit Figuren. Entscheidend ist die Einführung durch eine spannende Geschichte, die die Kinder miterleben, mitspielen und nachempfinden können.

Spielereien mit Wolle

Wollbilder

Aus bunter Märchenwolle legen wir Bilder. Die Wolle wird fein gezupft und in mehreren dünnen Schichten auf einen Untergrund aus Filz gelegt. Die Wollhaare haken sich am Filz fest und die Wolle bleibt haften, wenn wir sie gut andrücken. Als Thema eignet sich z. B. eine Winterlandschaft: auf hellblauem Filz entstehen Schneefiguren, Schlittenberge und Schneegestöber aus weißen Wollflocken. Oder wir lassen eine Krippenlandschaft auf grauem oder braunem Filz entstehen. Auch eine Schafherde ist ein schönes Motiv. Wir können auch einfache Farbspielereien auslegen.

Wollpüppchen

Für ein Wollpüppchen zupfen wir uns einen etwa 12 cm langen Wollstrang aus Märchenwolle und legen ihn doppelt. Am umgeknickten Ende binden wir ein kleines Stück als Kopf ab. Einen kleineren dünneren Strang, an dem wir beide Enden umknicken und abbinden, verwenden wir für die Arme. Diesen Strang legen wir zwischen die zwei Wolllagen des ersten Stranges direkt unter den abgebundenen Kopf. Unter den Armen binden wir die Taille ab – und fertig ist das Püppchen, dem wir im Spiel die unterschiedlichsten Rollen zuschreiben können.

Wichtig ist es, die Püppchen gut einzuspielen und immer wieder zum Einsatz zu bringen. Die Kinder tauchen dabei in ein Rollenspiel ein, in dem sie viele ihrer Erlebnisse verarbeiten können.

Filzbälle

Filzbälle können in einer Kindergruppe nie genug vorhanden sein, sie eignen sich für viele Spiele, für das Einüben von Rhythmen und Reimen, für Werf- und Fangübungen, zum Abwerfen und Ärger-Loslassen.
Wir machen uns einen Ball aus Wolle, indem wir mehrere Lagen feiner Wolle kreuz und quer über ein kleines Wollknäuel legen. Anstatt eines Wollknäuels können wir auch eine Walnuss oder die Kapsel von einem Überraschungsei nehmen, die wir vorher mit zwei bis drei Steinchen füllen, dann rasselt unser Ball beim Werfen. Die äußere Schicht gestalten wir in den Farben, die der Ball dann haben soll. Den Ball tauchen wir in eine Schüssel mit möglichst warmem Kernseifenwasser und drücken ihn ganz vorsichtig zusammen. Beim Drücken drehen wir ihn immer wieder in der Hand, so dass er gleichmäßig wird. Dann fangen wir an, die Oberfläche ganz vorsichtig in den Händen zu reiben. Wenn sie etwas stabiler wird, drücken wir beim Reiben immer stärker, bis sich der ganze Ball fest anfühlt. In der Schlussphase können wir ihn auch über eine Noppenfolie oder über ein altes Waschbrett rubbeln. Überstehende Wollteile, die sich nicht einfilzen lassen, schneiden wir einfach ab.
Zum Filzen setzen wir uns im Kreis, jeder bekommt ein Handtuch auf den Schoß und die Gruppenleiterin erzählt eine Geschichte. Das Ballfilzen dauert sicher eine Stunde, also Zeit nehmen und das Filzen unbedingt vorher einmal selbst ausprobieren!

Weihnachtsbaumschmuck

Sterne oder Schneeflocken

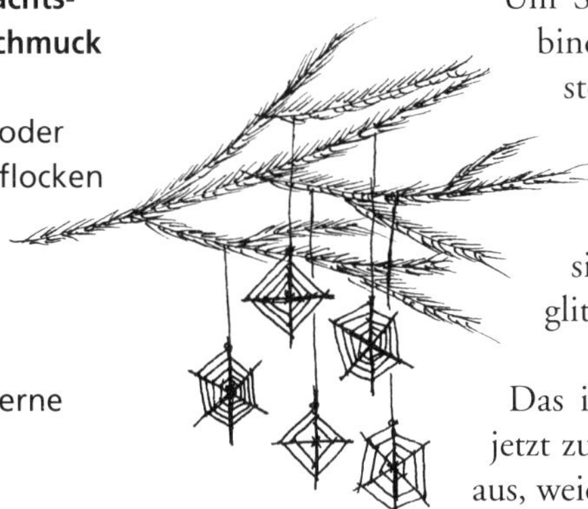

Um Sterne für den Weihnachtsbaum zu flechten, binden wir zwei oder drei kleine Äste oder Zahnstocher sternförmig zusammen und umwickeln die einzelnen Strahlen von der Mitte her spiralförmig nach außen mit glitzernder Wolle *(siehe Zeichnung)*. Mit weißer Wolle wirken sie wie Schneeflocken, silbern oder golden wie glitzernde Sterne.

Strohsterne

Das im Herbst gesammelte Stroh verarbeiten wir jetzt zu Strohsternen. Wir suchen uns schöne Halme aus, weichen sie in warmem Wasser ein und binden sie ganz oder halbiert und gebügelt sternförmig zusammen. Die Spitzen schneiden wir mit der Schere beliebig zu.

Schneeflocken aus Papier

Wir falten ein quadratisches, weißes Papier mit 5 bis 10 cm Kantenlänge zu einem Dreieck und noch einmal zu einem halb so großen Dreieck. Mit einer Schere schneiden wir an der langen Kante ein großes Dreieck und an den kurzen Kanten mehrere kleine Zacken heraus. Nach dem Auseinanderfalten haben wir einen vierstrahligen Stern oder eine Schneeflocke. Erwachsene können das Papier auch mehrmals falten, die Strahlen verdoppeln sich jeweils. Auch doppelt gefaltete, runde Papiere, die wir am breiten Ende spitz zuschneiden, werden zu Sternen. Die Möglichkeiten sind so zahllos wie die Formen der Schneeflocken.

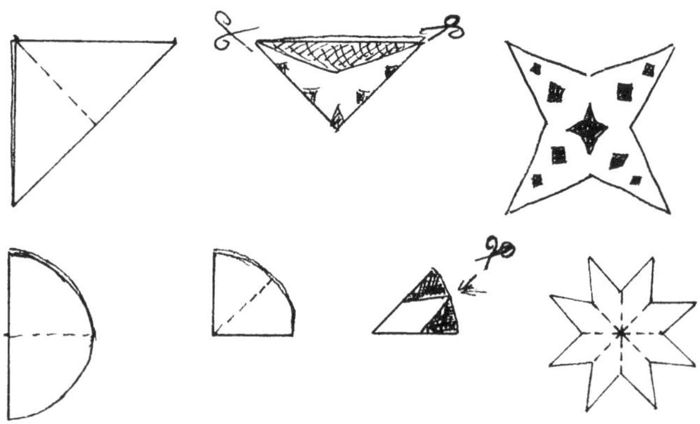

Vogelfutter

Das ganze Jahr hindurch haben wir Kerne, Körner, Samen und Beeren gesammelt. Im Winter verarbeiten wir sie zu Vogelfutter.

Futterhäuschen und -ampeln

Wir können das Vogelfutter einfach in einem Futterhäuschen ausstreuen. Es ist wichtig, nur wenig zu füttern und täglich frisches Futter zu geben (Infektionsgefahr). Besser sind Futterampeln, die nicht durch Kot verunreinigt werden können.

Fettglocken

Wir schmelzen Kokosfett in einem Topf und rühren alles was wir gesammelt haben, in das flüssige, abgekühlte Fett: Sonnenblumen-, Apfel-, Kürbis-, und Melonenkerne, Nüsse, Weizen- und Haferkörner, getrocknete Vogelbeeren und Haferflocken.
Diese Masse lassen wir wieder fast fest werden, während wir verschiedene „Gefäße" zum Füllen vorbereiten.

Es eignen sich: kleine Blumentöpfe, Kokosnussschalen, geöffnete Kiefernzapfen, Walnussschalen. Zum Aufhängen bohren wir in die Nussschalen ein oder zwei Löcher, durch die Blumentöpfe stecken wir einen Ast, an dem sich die Vögel beim Fressen gleichzeitig festhalten können *(siehe Zeichnung)*. Wenn die Masse einigermaßen fest ist, können wir die Futterglocken füllen und ganz erkalten lassen.

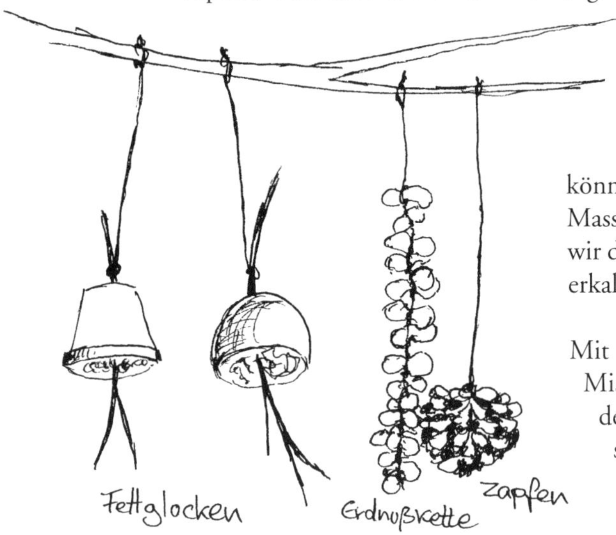

Mit einem Messer streichen wir die Mischung in die Zwischenräume der Kiefernzapfen und in die Nussschalen. Für eine Waldweihnacht machen wir den Vögeln Sterne und andere Anhänger. Wir füllen die Fettmasse in Ausstechformen, lassen sie kalt werden und ziehen mit einer heißen Nadel einen Faden zum Aufhängen durch.

Erdnussketten

Ganz einfach herzustellen sind die Erdnussketten. Wir fädeln auf einen langen, festen Faden Erdnüsse in der Schale auf, indem wir Nuss für Nuss mit einer Nadel durchstechen. Diese Ketten hängen wir gut sichtbar in einen Baum vor dem Fenster. Sogar die Eichelhäher lieben diese Ketten!

Futterkolben

Auch getrocknete Maiskolben eignen sich als Vogelfutter. Wir befestigen sie mit einer festen Schnur oder einem Draht. Hier können wir vor allem Vögel mit kräftigem Schnabel beobachten.

Wichtig:

- Wir füttern die Vögel nur, wenn die Schneedecke geschlossen oder der Frost so stark ist, dass alles gefroren ist.
- Keinesfalls Brot füttern! Es bläht die Därme der Vögel auf und sie müssen sehr leiden, oft sogar sterben.

Die Futterstelle legen wir so, dass wir sie vom Fenster aus sehen und die Vögel gut beobachten können. Wir können die Lieblingsspeisen der einzelnen Vögel feststellen und erkennen vielleicht einen Zusammenhang zwischen Futter und Schnabelform (z.B. knackt der Kirschkernbeißer mit seinem kurzen breiten Schnabel wirklich Kirschkerne).

Drum merkt ihr Kinder und gebt Acht,
was ihr nun für die Vögel macht,
Damit sie nicht in Eis und Schnee
verhungern, dass sie ohne Weh
den harten Winter überstehn:

Gebt Talg und Fett, das wärmt sie schön
von innen her, doch ja kein Brot,
das lindert nicht der Vöglein Not,
das treibt die kleinen Därme auf
und sterben müssen sie zu Hauf.

Doch Haferflocken sind beliebt
und Hafer, wenn es welchen gibt.
Und Kerne aller Art streut aus,
am besten in ein Vogelhaus,
und regelmäßig jeden Tag!

'S ist wahrlich nicht zu viel der Plag.
Die Dankbarkeit der Vögelein,
ihr froh Gezwitscher tagaus, tagein,
wird sicherlich, ich weiß es schon
euch allen sein der schönste Lohn.

Susanne Heine

Vom Keimling zum Baum

Im späten Winter, wenn unter der Schneedecke die ersten Pflanzen schon wieder zu wachsen beginnen, legen wir uns eine eigene Baumschule an. Dazu legen wir ein paar von unseren gesammelten Samen (Eicheln, Bucheckern, Apfelkerne, Ahornsamen, Kastanien, Kirschkerne, Fichtensamen) über Nacht zum Quellen in eine Schale Wasser.

Dann spielen wir selbst die Entwicklung des Samens zum Baum. Jedes Kind sucht sich einen Samen aus, den es spielen will, legt sich auf die Erde, fängt zu keimen an, treibt Wurzeln, wächst langsam in die Höhe, breitet seine Zweige aus, biegt sich im Wind, freut sich über Regen, lässt bei Trockenheit die Blätter hängen.

Kleine Baumschule

Wir füllen mehrere mindestens 10 cm tiefe Pflanztöpfe oder Schalen mit einem Gemisch aus Humus und Sand. In die Erde drücken wir kleine Löcher, stecken in jedes einen gequollenen Samen und bedecken ihn leicht mit Erde. Die Töpfe werden beschriftet. Die Erde sollte man immer leicht feucht halten, aber nie zu nass. Wir können sie bis zum Durchbruch der Keimblätter auch mit einer Klarsichtfolie abdecken. Der richtige Platz für unsere Zucht ist das Fensterbrett. Jetzt warten und beobachten wir, wie die Samen keimen: langsam, schnell oder überhaupt nicht. Sobald die Pflänzchen das zweite Blattpaar ansetzen, pflanzen wir sie um. Dazu nehmen wir Pappröhren von Küchenrollen, die wir wieder mit Erde füllen. Wir stecken die Setzlinge vorsichtig in die Röhren. Die ersten Keimblätter sollten über der Erde, aber noch in der Röhre sein.

Die Röhren stellen wir nebeneinander in eine Kiste, füllen die Zwischenräume mit Sägemehl und stellen sie an einen frostsicheren, wetter- und sonnen-geschützten Platz im Freien. Von Woche zu Woche können wir die Baumkinder mehr der Sonne, später auch dem Wind aussetzen und sie damit abhärten. Nach etwa acht Wochen können wir die Bäumchen mit der Pappröhre in gut gelockerte, mit Humus und Sand verbesserte Erde im Garten oder im Balkontopf auspflanzen. Unsere Bäumchen müssen wir auch weiterhin gut pflegen, die Erde immer feucht und locker halten und mit Rindenmulch oder Grasschnitt leicht abdecken.

Pflanze einen Baum in das Land

Kanon zu 4 Stimmen *überliefert*

* *An dieser Stelle wird der Name des eigenen Ortes eingesetzt.*

Besinnliches im Winter

Der Jahreszeitentisch

Eine sehr stimmungsvolle Möglichkeit, die Rhythmen und Vorgänge in der Natur auch im Haus sichtbar zu machen und damit die Wahrnehmung dafür zu schulen, ist die fortlaufende Gestaltung eines Jahreszeitentisches.

An einem festen, zentralen Platz im Haus schmücken wir einen Tisch, eine Kommode oder ein Fensterbrett mit den Farben, Formen, Pflanzen, Früchten, Tieren und anderen Gegenständen, die zur jeweiligen Jahreszeit gehören. Die Präsentation aller Elemente zeigt uns die Vielfalt und Einheit der Natur. Anhand dieses Tisches, an dem auch die Kinder mit- und umgestalten können, erleben schon die Kleinsten die Veränderungen und Rhythmen im Jahreslauf. Sie erleben hautnah, in ihrem kleinen geschützten Rahmen, die kosmischen Zusammenhänge, in die sie selbst eingebunden sind.

Bei der Gestaltung des Jahreszeitentisches bietet sich im Winter natürlich die Darstellung der Winterkälte an. Farben für die Kälte sind weiß und hellblau. Wer Spaß daran hat und geschickt ist, kann die Figur des „König Winter“ nähen. Eine Puppe mit langen weißen Haaren und Bart, mit einer silbernen Krone, einem langen weißen oder hellblauen Mantel und mit Königsstab wacht über die schneebedeckte kalte Landschaft. Glitzernde weiße Kristalle unterstützen den frostigen Eindruck. Wenn draußen die ersten Kätzchen blühen, stellen wir ein paar davon als erste Frühlingsboten auf den Tisch. Nach und nach kommen ein paar Schneeglöckchen dazu und langsam wird unter der Schneedecke (dem weißen Tuch) die braune Erde wieder sichtbar …

Die Krippenlandschaft

Eine große Bedeutung in der Adventszeit hat in vielen Familien der Aufbau einer Krippenlandschaft. Auch in manchen Kindergärten lebt diese Tradition. Es gibt verschiedene Möglichkeiten, diesen Brauch zu übernehmen. Eine davon, die in vielen Waldorfkindergärten gepflegt wird, wollen wir hier beschreiben.
Die Landschaft und das Geschehen verändern sich hier ganz allmählich vom 1. Advent bis zum Heiligen Abend entsprechend der Entwicklung der Erdgeschichte. In der ersten Woche haben wir nur eine kahle Landschaft vor uns, die wir nach und nach mit ein paar schönen, selbstgefundenen Steinen oder Edelsteinen ergänzen. Ab dem 2. Advent kommen die Pflanzen dazu, einfache, baumähnliche Gebilde aus Zapfen, Zweigen und Wurzelstücken. Die Pflanzen brauchen auch Wasser, wir können also auch einen kleinen See mit etwas Wolle oder einem blauen Tuch darstellen. Aus Rinde oder Steinen bauen wir einen Stall für Maria und Josef. In der dritten Woche halten die Tiere in unsere Krippenlandschaft Einzug. Ganz wichtig sind natürlich die Schafe, die in der Weihnachtsgeschichte eine große Rolle spielen. Ob einfache aus Wolle gewickelte Schafe oder kleine Holz- oder Tontiere, alle finden ihren Platz. Zu den Schafen kommen am Ende der 3. Woche die Hirten dazu, einer nach dem anderen. Für die Hirten bauen wir eine Feuerstelle, machen winzige Reisigbündel und stapeln kleine Holzstapel auf. Und endlich, am 3. Advent, machen sich Maria und Josef auf den Weg. Langsam nähern sie sich, wie von Geisterhand geführt, ihrem Ziel. Jeden Morgen sind sie ein Stückchen weiter und manchmal lassen sie auch die Kinder am Tag noch weiter wandern. Im Stall oder in der Grotte wartet schon der Ochse, wenn Maria und Josef mit ihrem Esel am 23. Dezember ankommen. Am 24. liegt dann das Jesuskind im Stroh, die Krippenlandschaft ist vollendet.

Das Betrachten und Weiterbauen an der Landschaft kann zu einem festen Bestandteil des Tageslaufs im Advent werden. Wir zünden eine kleine Kerze oder Laterne an der Krippe an und lesen eine Geschichte oder singen ein Lied. Wichtig ist es, die Figuren so zu gestalten, dass die Kinder sie auch anfassen können. Teure geschnitzte Holzfiguren führen oft zu Spannungen und die festliche Stimmung wird dadurch schnell zerstört.
Nach Weihnachten machen sich die „Drei Heiligen Könige“ auf den Weg zum Stall. Dabei ist nicht die Anzahl der Figuren wichtig, das wichtige ist das Bild, die Geste der Ehrerbietung und des Schenkens. Die Figuren der Krippe können wir nach und nach, von Jahr zu Jahr, ergänzen. Am Dreikönigstag erreichen die Könige den Stall und überreichen ihre Geschenke. Wir lassen die Krippe noch ein paar Tage stehen, bevor wir sie abbauen.

Sternensingen

Wenn die kalten Nächte sternenklar sind, können wir uns zu einem Abendsingen treffen und den nächtlichen Sternenhimmel ganz besonders gut betrachten. Im Winter wird es sehr früh dunkel und die Sterne sind schon früh zu sehen. Wir entdecken verschiedene Sternbilder: der bekannte Orion ist den ganzen Winter am Himmel zu finden, außerdem erkennen wir die Sternbilder von Widder, Stier, Zwilling und Krebs, großem Wagen (großer Bär) und Kassiopeia.

Danach schneiden wir selber kleine Sterne aus Papier aus, bemalen sie auf der Außenseite ganz mit dunkelblauer, auf der Innenseite mit gelber Wachsmalkreide und falten alle Zacken zur Mitte. Wir füllen eine Schüssel mit Wasser und legen die gefalteten Sterne vorsichtig auf die Oberfläche. Während sie langsam aufgehen, singen wir unsere Abendlieder.

Ein Stimm' beginnt im Abend

Kanon zu 4 Stimmen

Text und Musik: Siegfried Borris

Fantasiereisen

Die Bedeutung der Fantasiereisen

Info

Fantasiereisen entführen uns in eine Traumwelt, in der wir uns wohlfühlen, in der wir unsere Träume spüren können, in der wir aber auch Dinge des Alltags in einem anderen Licht sehen können. Alle Fantasiereisen müssen von der Gruppenleiterin bewusst geführt werden. Sie begleitet Kinder und Erwachsene durch Abenteuer und Entspannung und bringt sie wieder sanft zurück in die Realität. Es ist erstaunlich, wie unterschiedlich die Erlebnisse auf diesen Reisen sind. Es kann auch vorkommen, dass es einem Teilnehmer nicht gut geht, deshalb ist es wichtig, die Kinder während des Erzählens aufmerksam zu beobachten. Nach der „Reise" sollte genügend Zeit für einen Austausch vorhanden sein.

Ein gutes Thema für eine Fantasiereise im Winter sind die Tiere im Winterschlaf. Die Gruppenleiterin überlegt sich eine Geschichte zu einem Tier, das die Kinder gerade besonders beschäftigt. Durch einfühlsames Erzählen finden sich alle in der Rolle des Tieres ein und empfinden wie Bär, Igel,

Fledermaus oder Siebenschläfer. Alle Teilnehmer liegen gemütlich in eine Decke gekuschelt am Boden. Die Gruppenleiterin kann vor der Erzählung das Lied „Ruhig werden, stille werden“ singen.

Ruhig werden, stille werden

Tiere im Winterschlaf

„Schließt eure Augen und stellt euch vor, ihr gehört alle zu einer Bärenfamilie, die sich auf ihren Winterschlaf vorbereitet. Draußen ist es sehr kalt und der Wind pfeift. Mit deiner ganzen Familie hast du dich in eine gemütliche Höhle zurückgezogen und dir einen warmen Lagerplatz gemacht. Im Herbst hast du ganz, ganz viel gefressen und dein Winterspeck wärmt und ernährt dich während du schläfst. Du musst dir also keine Sorgen machen. Vor dem Einschlafen hörst du noch den Eiswind vor der Höhle pfeifen und bist zufrieden, diesen sicheren, kuscheligen Platz gefunden zu haben. Du träumst vom Sommer und Herbst, davon, dass du mit anderen Bären durch die Berge getollt bist und wie du am Fluss warst, um Fische zu fangen. Das war gar nicht so einfach, die Fische sind immer wieder schnell davon geschwommen, es hat aber viel Spaß gemacht! Du hast viele Bären getroffen und mit ihnen gespielt, andere hast du verjagt, wenn du allein sein wolltest. Besonders gefreut hast du dich immer, wenn du etwas Süßes gefunden hast, den Honig der wilden Bienen oder die saftigen, reifen Beeren. Du spürst, wie dir das Wasser im Mund zusammenläuft und du empfindest schon eine große Vorfreude auf den nächsten Sommer. Neben dir liegen deine Geschwister und Eltern und träumen einen ähnlichen Traum wie du. Manchmal bewegt sich einer, rollt sich auf die andere Seite und brummt im Schlaf. Es ist ein langer Winter und ein langer Traum. Irgendwann spürst du einen leichten Duft in der Nase und musst

kräftig niesen. Du wachst auf und merkst, es riecht nach Frühling, nach warmer Luft, nach Vogelgezwitscher … Dein Magen knurrt gewaltig und du hast einen Bärenhunger. Du kriechst langsam aus der Höhle, reibst dir die Augen, öffnest sie, blinzelst ins Sonnenlicht, reckst und streckst deine Arme und Beine, gähnst noch einmal laut und freust dich auf das was du in diesem Frühling und Sommer alles erleben wirst. Hinter dir krabbeln auch deine Geschwister langsam aus der Höhle und ihr tollt durch den in der Sonne glitzernden Schnee."

Bei den Eskimos

„Heute unternehmen wir eine Reise zu den Eskimos. Sie leben weit oben im Norden unserer Erde, dort wo der Boden im Winter und im Sommer von hohem Schnee bedeckt und gefroren ist.
Stellt euch vor, ihr liegt mit euren Geschwistern im Familieniglu auf einem dicken, warmen, weichen Eisbärenfell, ihr kuschelt euch unter eurer Felldecke eng aneinander und schlaft tief und fest. Es ist Winteranfang und die Sonne geht erst spät am Morgen auf. Ihr wacht auf und kullert erst einmal im Bett herum, balgt euch und bewerft euch mit euren kleinen Fellkissen. Jetzt seid ihr richtig munter und schmiedet Pläne für den Tag. Einer möchte ans Eisloch zum Fischen gehen, einer mit dem Hundeschlitten über Schnee und Eis jagen und außerdem wollt ihr gemeinsam ein kleines Iglu bauen. Ganz schnell krabbelt ihr aus euren Fellen, denn ihr habt sehr viel vor! Eure Mutter hat schon das Frühstück vorbereitet und ihr trinkt warmen süßen Tee und esst gebratene Fische. Dann zieht ihr euch warm an. Ohne eure dicken Stiefel, Jacken und Mützen braucht ihr gar nicht aus dem Haus zu gehen, denn es ist trotz des leichten Sonnenscheins eiskalt. Die Sonne steht ganz tief am Horizont und ist nur ein paar Stunden zu sehen. Bald ist es auch am Tag dunkel und ihr müsst im Iglu spielen. Also nützt ihr die hellen Stunden, zieht eure Handschuhe an und stürmt nach draußen. Hier wartet eine Überraschung auf euch: euer Vater hat die Schlittenhunde vor den großen Schlitten gespannt und lädt euch zu einer Spazierfahrt ein. Sobald ihr aufgestiegen seid und euch festhaltet, lässt er die Peitsche knallen und los geht's! Die Hunde jagen über den Schnee und an euch vorbei ziehen die Iglus eures Dorfes, das ihr bald hinter euch gelassen habt. Rund herum seht ihr nur noch Schnee und Eis, der eisige Wind sticht wie Nadeln im Gesicht aber ihr lacht und singt vor Freude über die schnelle Fahrt. Vor euch, im diesigen Sonnenlicht tauchen weiße Erhebungen auf, jetzt wisst ihr, wohin euer Vater möchte. Er macht sich auf die Suche nach Eisbären, Robben und Seelöwen. Bevor die lange Dunkelheit kommt, muss er noch oft

auf die Jagd gehen, um genügend Fleischvorrat für die Familie im Eis einzufrieren.

Endlich nähern wir uns dem mit Eisschollen bedeckten Wasser, aus dem sich große Eisberge erheben. Wir waren schon lange nicht mehr da und staunen mit offenem Mund. Wir klettern vom Schlitten und laufen näher ans Wasser. Unser Vater spannt die Hunde aus und führt uns zu einem kleinen, aufgetürmten Eisberg. Wir kraxeln über die Eisschollen bis wir eine gute Sicht haben. Wir setzen uns hin, beobachten die gegenüber liegenden Eisberge und Vater erzählt uns Geschichten aus der Zeit, in der er mit seinem Vater auf die Suche nach Eisbären gegangen ist. Plötzlich bewegt sich etwas, meine Schwester zeigt nach drüben, während Vater seinen Zeigefinger auf den Mund hält. Ich habe Herzklopfen, denn da drüben richtet sich ein großer Eisbär auf, wittert, lässt sich wieder auf seine Vorderpfoten nieder und klettert langsam den Berg hinunter. Hinter ihm tauchen noch zwei kleine Eisbären auf, sie klettern brav ihrer Mutter hinterher, die am Eisloch auf sie wartet. Sie stehen lange vor dem Loch, bis die Bärin plötzlich blitzschnell mit ihrer Pranke ins Wasser schlägt und einen großen Fisch herauszieht. Die Kleinen lernen gerade Fischfang. Sie schauen noch zweimal zu, dann probieren sie es selber. Es sieht noch etwas ungeschickt aus und sie ziehen die Pranke immer leer aus dem Wasser, aber wir sehen, dass es ihnen großen Spaß macht. Auch wir gehen noch zu einem Eisloch und versuchen mit unseren Harpunen Fische zu fangen. Es dauert lange, bis wir genügend Fische erwischt haben, die Hunde wieder eingespannt sind und wir uns hungrig auf den Heimweg machen. Die Hunde sind gut ausgeruht und jagen wie der Blitz über das Eis. Wir sind glücklich, weil wir eine Eisbärenfamilie beobachten konnten, Geschichten gehört haben und selber Fische erwischt haben. Zufrieden schauen wir in die vorbeiziehende Landschaft und freuen uns auf ein leckeres Fischessen im gemütlichen Iglu. Als wir zu Hause ankommen, ist es schon dunkel und unsere Mutter erwartet uns vor dem Iglu. Nachdem die Hunde ausgespannt sind gehen wir hinein, ziehen uns aus und erzählen unsere Abenteuer. Gemütlich in unsere Felle gekuschelt beschließen wir, unser eigenes kleines Iglu zu bauen und schlafen ganz schnell ein.

Ihr dürft euch jetzt ein bisschen recken und strecken, die Augen reiben, kräftig gähnen und langsam aus eurem Eskimotraum erwachen.“

Die Feste im Winter

Advent

Die Adventszeit gehört nach dem Kalender noch zum Herbst, aber sie stimmt uns auf Weihnachten, das größte Winterfest ein. Den Advent verbinden wir mit sehr vielen Kindheitserinnerungen an Plätzchenduft, Adventskalender, Adventskranz und brennende Kerzen.

Der Adventskranz

Info

Der Brauch, einen Adventskranz zu binden, ist noch sehr jung. Er stammt aus Norddeutschland und verbreitete sich dort in der 2. Hälfte des 19. Jahrhunderts. Zurückgeführt wird der Brauch auf den evangelischen Theologen J. H. Wichern, der in einem Haus zur Erziehung gefährdeter männlicher Jugendlicher in den Adventandachten Kerzen kranzförmig anordnete. Für die Sonntage stellte er rote, für die Werktage weiße Kerzen auf. Später kamen Tannenzweige dazu. In München gab es erst 1932 in St. Sylvester in Schwabing den ersten Adventskranz.

Adventskranz binden

Wir binden unseren Adventskranz zusammen mit den Eltern zur Einstimmung auf die „Staade Zeit“. Alle bringen dazu immergrüne Zweige wie Tanne, Buchs, Thuja, Efeu usw. und einen Strohkranz als Unterlage mit. Wir schneiden die Spitzen und Verästelungen der grünen Zweige in etwa 10 cm lange Stücke, legen immer ein paar davon zu kleinen Büscheln zusammen und binden sie mit Blumendraht dicht an dicht um unsere Unterlage. Fortgeschrittene winden sich ihre Unterlage aus Weidenruten oder Efeuranken selbst. Die fertigen Kränze werden dann in der Gruppe oder zu Hause mit Kerzen bestückt und/oder mit Bändern geschmückt.

Wir woll’n den Kranz binden

Mit den Kindern spielen wir „Wir woll’n den Kranz binden“. Dabei stehen wir im Kreis und geben uns die Hände. Derjenige, dessen Name gerade gesungen wird, löst die Hände, kreuzt sie vor dem Körper und fasst seine Nachbarn wieder an, so dass der Kreis immer enger wird. Wir spielen dieses Lied am Anfang unseres Zusammentreffens. Bevor wir wieder auseinander gehen, stellen wir uns mit gekreuzten Armen in den Kreis und singen „Wir woll'n den Kranz lösen".

Wir woll'n den Kranz binden

Volksweise

Adventsgärtlein

Den 1. Advent können wir mit einem Adventsgärtlein, einer Adventsspirale feiern. Dafür sammeln wir Tannen- und Fichtenzweige und Moos und legen damit in unserem Gruppenraum eine Spirale aus. In die Mitte stellen wir auf einen erhöhten Platz eine dicke Kerze. Den Raum erhellen wir mit etwas Kerzenlicht. Mit den Kindern haben wir Apfelkerzen vorbereitet *(siehe Seite 75).* Zur Einstimmung erzählt ein Erwachsener eine Adventsgeschichte. Danach darf einer nach dem anderen mit seiner Apfelkerze in die Mitte gehen, sie anzünden und am Rückweg auf der Spirale abstellen. Alle anderen singen dazu Adventslieder, wenn möglich durch ein Instrument begleitet.

Die „Staade Zeit"

Info

Dieses stimmungsvolle Einstimmen auf die „Staade Zeit" bringt die Kinder zur Ruhe, sie kommen ganz zu sich und erleben die Feier aufmerksam und konzentriert. Selbst die größten Zappler können plötzlich stillhalten und abwarten. Diese aufmerksame Stimmung können wir uns durch das regelmäßige Anzünden der Kerzen, Singen und Geschichtenlesen während der Adventszeit immer wieder zurückholen. Ein fester Zeitpunkt im Tagesablauf, ein neuer Rhythmus, unterstützt die Wirkung auf die Kinder.

Apfelkerze

Im Advent gestalten wir uns eine Apfelkerze. In einen schönen Apfel, der gut steht, stechen wir mit dem Apfelausstecher an der Blüte ein Loch aus. Aus einer Bienenwachswabe und einem Stück Docht drehen wir uns eine Kerze, die wir in den Apfel hineinstecken. Wir können den Apfel auch mit kleinen Zweigen verzieren und den Tisch damit schmücken.

Wenn's dunkel wird

Text: Margarete Jehn, Melodie: aus Dänemark

2. Wenn's Weihnacht wird,
wenn's Weihnacht wird,
wolln wir nach draußen gehn –
denn wenn die Nacht am längsten ist,
dann leuchtet's doppelt schön.
Doch alles Licht wird arm und klein,
geht auf mit seinem Feuerschein
der Stern von Betlehem.

St. Barbara, 4. Dezember

! Info

Die Barbara-Legende

Die heilige Barbara lebte am Ende des 3. Jahrhunderts. Sie war die Tochter eines griechischen, heidnischen Kaufmanns. Als sie sich zum Christentum bekannte, ließ sie ihr Vater ins Gefängnis bringen. Auf dem

Weg brach sie einen Kirschzweig und stellte ihn in eine Vase. Die Blüten öffneten sich, als ihr Todesurteil gesprochen wurde.
Grüne bzw. blühende Zweige stehen als Symbol für Leben und Überleben, als lebensspendende Kraft für das nächste Jahr.

Barbarazweige

Aus dieser Legende hat sich der Brauch entwickelt, am Barbaratag Kirsch-, Forsythien- oder Apfelzweige ins Wasser zu stellen. Wenn wir sie richtig pflegen, blühen sie bis zum 24. Dezember auf, Die Zweige schneiden wir schräg an, stellen sie in lauwarmes Wasser und erneuern dieses alle drei Tage.

Am 4. Dezember

Geh in den Garten
am Barbaratag.
Gehe zum kahlen
Kirschbaum und sag:

Kurz ist der Tag,
grau ist die Zeit.
Der Winter beginnt,
der Frühling ist weit.

Doch in drei Wochen,
da wird es geschehn:
Wir feiern ein Fest,
wie der Frühling so schön.

Baum, einen Zweig
gib du mir von dir.
Ist er auch kahl,
ich nehm ihn mit mir.

Und er wird blühen
in leuchtender Pracht
mitten im Winter
in der heiligen Nacht.

Josef Guggenmos

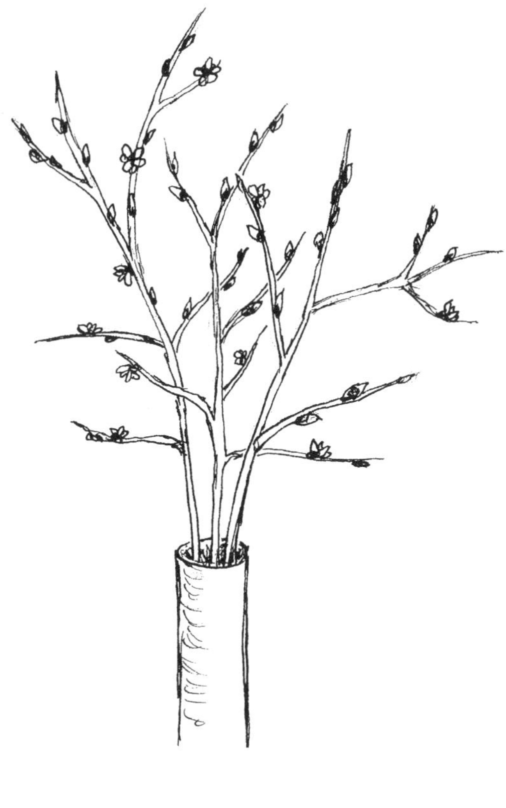

Nikolaus, 6. Dezember

Info

Der heilige Nikolaus und seine Begleiter
Der heilige Nikolaus, der spätere Bischof von Myra, lebte als Sohn wohlhabender Eltern in Kleinasien. Er war sehr bescheiden und als er das Vermögen seiner Eltern erbte, verteilte er es unter den Armen. Wenn er durch die Straßen ging, hatte er immer etwas für sie in den Manteltaschen.
Die Begleiter des Nikolaus haben unterschiedliche Namen. Wir kennen den Krampus, Knecht Ruprecht, den Pelzmärtel oder Berchtel. Sie stammen noch aus vorchristlicher Zeit und hatten die Aufgabe, gegen die dunklen Mächte vor der Sonnenwende anzugehen. Sie trugen eine Rute als Symbol der Lebenskraft (ursprünglich ein immergrüner Zweig) und einen Sack Äpfel mit sich. Der Streich mit der Rute galt als Segen, der vor allem die Kinder traf, in denen die aufblühende Lebenskraft verehrt wurde.

Holler, boller, Rumpelsack,
Niklas trug sie Huckepack,
Weihnachtsnüsse gelb und braun,
runzlig, punzlig anzuschaun.
Knackt die Schale, springt der Kern,
Weihnachtsnüsse ess ich gern.
Komm bald wieder in mein Haus,
lieber, guter Nikolaus.

Der Nikolaustag wird von allen Kindern sehnsüchtig erwartet. Heute findet man in allen Geschäften schon viele Wochen vorher Nikoläuse aller Art. Um wieder mehr am Ursprung der Legende anzuknüpfen, bereiten wir eine echte Begegnung vor.

Begegnung mit dem Nikolaus

Wir machen am 6. Dezember einen Spaziergang im Wald und organisieren dort eine überraschende Begegnung mit dem Nikolaus. Er hat einen Sack mit Nüssen und Äpfeln dabei, in den jedes Kind hineingreifen darf.

Er erzählt von seiner langen Reise und wir sagen Nikolausgedichte auf oder singen Nikolauslieder. Wenn wir wieder zu Hause sind, basteln wir uns einen Apfelnikolaus.

Apfelnikolaus

Wir polieren einen schönen rotbackigen Apfel und setzen ihm mit Hilfe eines Zahnstochers einen Walnusskopf auf. Aus Wolle oder Watte kleben wir ihm Haare und Bart an, und setzen ihm eine Bischofsmütze aus Goldpapier auf.

Nikolausspiel

Wir setzen uns im Kreis um einen unsichtbaren Nikolaussack. Einer nimmt etwas aus dem Sack heraus und isst es pantomimisch. Die anderen versuchen zu erraten, was es ist. Wer es erraten hat, darf als nächster etwas herausholen und es pantomimisch aufessen.

Nikolo, bum bum

Volksweise

* *Hier kann man nacheinander die Namen von den verschiedensten Leckereien (Nüsse, Birnen, Lebkuchen …) einsetzen.*

Die heilige Lucia, 13. Dezember

Info

Die Legende

Bis zur Einführung des Gregorianischen Kalenders 1582 galt der 13. Dezember, der Tag der heiligen Lucia, als der kürzeste Tag des Jahres. Lucia war eine mildtätige junge Frau, die in ihrer Heimatstadt Syrakus Notleidende und Kranke pflegte und beschenkte. Sie brachte ihnen Licht und Wärme und heißt deshalb: die Lichte, die Leuchtende. Vor allem in den nordischen Ländern verkündet sie die Kraft der wiederkehrenden Sonne. Hier lebt der Brauch des Lucienfestes noch am stärksten. Die älteste Tochter weckt die Familie mit einer Kerzenkrone auf dem Kopf und alle Frauen verschenken zur Freude des Tages kleine Kuchen.

Wir lassen den Brauch des Lucienfestes wieder aufleben, indem wir Kerzenschiffchen oder kleine Lichterhäuschen herstellen, sie in einen nahen

Bach oder Fluss einsetzen und zur Freude des wiederkehrenden Lichtes schwimmen lassen. Außerdem können auch wir kleine Kuchen backen und sie an die Menschen, die uns begegnen, verschenken.

Lichterhäuser

Aus Korken und hölzernen Schaschlikspießen bauen wir uns ein stabiles Floß. Wir fertigen aus festem weißem oder farbigem Papier eine Laterne, der wir die Form eines Hauses geben. Die Fenster und Türen schneiden wir aus und hinterkleben sie mit farbigem Transparentpapier. Das ganze Haus können wir beliebig bemalen. Wenn wir das Papier mit einfachem Speiseöl bepinseln wird es durchscheinend. Das Haus braucht einen festen Boden, den wir auf das Floß kleben. Ein Teelicht erhellt das Haus von innen, das Dach lassen wir offen. Jetzt kann die Fahrt losgehen! Es empfiehlt sich, eine Probefahrt in einer großen Schüssel oder in der Badewanne zu machen. Auch aus dünner Metallfolie lassen sich Lichterhäuser bauen.

Die Wintersonnenwende

Nach dem heutigen Kalender ist der kürzeste Tag des Jahres der 21. Dezember, die darauffolgende Nacht die längste Nacht des Jahres. Wir haben also allen Grund zu feiern!

! Info

Die Wiedergeburt des Lichts in der Mythologie
In vielen Mythologien schenken zu dieser Zeit jungfräuliche Mütter oder Göttinnen Kindern das Leben. Beispiele: Demeter bekommt ihre heilige Tochter Persephone; die Erdgöttin schenkt Dionysos das Leben. Alle diese Geschichten drücken die Freude über die Wiedergeburt des Lichts aus. In diesen Freudenfeiern liegt auch der Ursprung unseres Weihnachtsfestes, die Geburt Christi des Erlösers durch seine jungfräuliche Mutter Maria. Er wird oft mit einem Lichtschein über dem Kopf dargestellt und ist ebenfalls ein Sinnbild für Erneuerung, für neues Licht, das aus dem Dunkel führt.

Wintersonnwendfeuer

Wir feiern die Wintersonnenwende mit einem Feuer, mit heißem Früchtepunsch und selbstgebackenen Sonnwendrädern. In den nächsten Wochen werden wir bewusst miterleben, wie die Tage länger werden.

Weihnachten

Info

Gedanken zum Weihnachtsfest

Weihnachten, das Fest der Geburt Christi, wird von vielen symbolischen, traditionellen Handlungen begleitet. Die Traditionen sind je nach Land, Landstrich und Familie verschieden. Junge Menschen, die eine neue Familie gründen, müssen einen gemeinsamen Weg finden, das Weihnachtsfest zu gestalten. Dabei tauchen viele Fragen auf:

- Welche Bedeutung hat das Weihnachtsfest für uns?
- Was möchten wir unseren Kindern vermitteln?
- Wie bereiten wir uns in der vierwöchigen Adventszeit auf dieses Fest vor?
- Wann wird der Weihnachtsbaum aufgestellt und wie wird er geschmückt?
- Wie wichtig sind die Geschenke?

Oft führt die Gestaltung dieses Festes der Liebe zu großen Auseinandersetzungen, die Erwartungen an den Partner sind sehr hoch, jeder hat sein eigenes Weihnachtsmuster durch die jahrelang gelebte Familientradition tief eingeprägt und es ist schwer, sich auf etwas Neues einzulassen.

In einer Kindergruppe kann das Elterngespräch, in einem Kindergarten ein Elternabend weiterhelfen, die unterschiedlichen Möglichkeiten der Festgestaltung wahrzunehmen, den Blick zu öffnen und aus der Vielfalt einen gemeinsamen Weg herauszufinden.

Waldweihnacht

Ein besonderes Ereignis der Vorweihnachtszeit ist die Feier einer Waldweihnacht in der Kindergruppe. Für diesen Ausflug haben wir schon im Laufe des Herbstes und des Winters viele Schmuckstücke hergestellt: Vogelfuttersterne, Strohsterne, Bienenwachskerzen, bei kaltem Wetter eventuell auch Eisschmuck … Jetzt ziehen wir in den Wald zu einem schon vorher ausgesuchten, frei stehenden, kleinen Bäumchen, bei dem wir alle gemütlich Platz finden. Außer dem Baumschmuck haben wir Heu für Hasen und Rehe und natürlich Plätzchen und einen Kinderpunsch dabei. Gemeinsam schmücken wir das Bäumchen, zünden die Kerzen an, erzählen oder spielen eine Weihnachtsgeschichte, singen und denken an die Tiere des Waldes, die jetzt in ihren Verstecken sitzen oder durchs Unterholz streifen. Wir essen Plätzchen, trinken Punsch und genießen die Stimmung, die einsetzende Dämmerung, die Kälte und hoffentlich ein bisschen Schnee!

Zumba, Zumba

Katalanisches Weihnachtslied

Refrain: Zumba, zumba …
2. Jeder will ihm etwas bringen,
ich aber hab nicht viel Geld
ich kann dem Kindlein nur singen,
hoffen, dass es ihm gefällt.

Refrain: Zumba, zumba …
3. Dass sich das Kindlein erfreute,
spielten die Hirten ihm vor.
Singt nun mit mir, liebe Leute,
singt mit den Hirten im Chor:
Refrain: Zumba, zumba …

Krippenspiel

Ein wichtiger Bestandteil der Weihnachtsvorbereitung und der Weihnachtsfeier kann das Krippenspiel werden. Im Kindergarten kann das Spiel mit wechselnden Rollen jeden Tag wiederholt werden, ohne die Kinder zu langweilen. Auch in der Eltern-Kind-Gruppe oder Kindergruppe spielen wir das Spiel mit einfachen Verkleidungen und einem einfachen Text, den die Gruppenleiterin spricht. Je öfter das Spiel wiederholt wird, umso leichter wird es für die Kinder, die entsprechenden Wege zu gehen oder die passenden Bewegungen zu machen. Manche fangen schon bald an den Text mitzusprechen. Wichtig ist, dass alle Kinder eingebunden sind, auch wenn sie sich als Schaf oder Ochse nicht von der Stelle rühren müssen. Jedes Kind braucht seine Aufgabe.

Im Weihnachtsstall zu Bethlehem *da war es schrecklich unbequem.*	Die Hände bilden einen Stern.
Der Wind blies rau und ewig kalt *durch jeden Tür- und Bretterspalt.*	Zwischen den Fingern durchblasen.
Maria, Josef und das Kind, *die zitterten im Winterwind.*	Die Daumen zittern unter dem Dach.
Zehn Schafe kamen von dem Feld *und haben sich dazugesellt.*	Alle Finger trappeln.
Schnell rückten alle dicht an dicht, *so fühlte man die Kälte nicht.*	Die Hände ineinanderreiben.

Geschichte des Weihnachtsbaumes

Info

Der Weihnachtsbaum ist erst seit dem 16. Jahrhundert bekannt, seine Verbreitung wurde vor allem von der Kirche bekämpft und in München erst zu Beginn des 19. Jh. von Königin Karoline eingeführt. Mitte des 19. Jahrhunderts war es in den Bürgerhäusern üblich, für jedes Kind einen Baum aufzustellen. Ende des 19. Jahrhunderts freundete sich zuerst die evangelische, dann auch die katholische Kirche mit dem Brauch an. Seitdem ist ein Weihnachten ohne Christbaum undenkbar.

Die meisten Weihnachtsbäume werden heute in Plantagen angebaut. Nur manche kommen direkt aus dem Wald. Sie stammen aus Jungpflanzungen, die ausgelichtet werden müssen. Wir können unseren Weihnachtsbaum mit gutem Gewissen schmücken. Wenn wir genau wissen wollen, wo der Baum herkommt, versuchen wir rechtzeitig, Kontakt zum Förster aufzunehmen, vielleicht kennt er ja ein Bäumchen, das herausgeschnitten werden muss. Dann können wir unseren Weihnachtsbaum sogar selbst schlagen.

Vom Schlagen des Weihnachtsbaumes

Info

Der richtige Zeitpunkt zum Schlagen des Weihnachtsbaumes und zum Schneiden der Zweige für den Adventskranz ist drei Tage vor dem 11. Vollmond des Jahres. Tannen nadeln dann über Jahre nicht, Fichten auf alle Fälle weniger!

Das Paradeisl

Bevor der Weihnachtsbaum im Münchner Raum üblich wurde, schmückte die Weihnachtsstube ein so genanntes Paradeisl, eine Pyramide, die aus sieben Äpfeln und zwölf Stäben oder aus vier Äpfeln und sechs Stäben zusammengesetzt und mit Tannenreisig und Kerzen geschmückt wurde. Wir empfinden diese alte Tradition nach und stecken mit den Kindern ein solches Paradeisl.

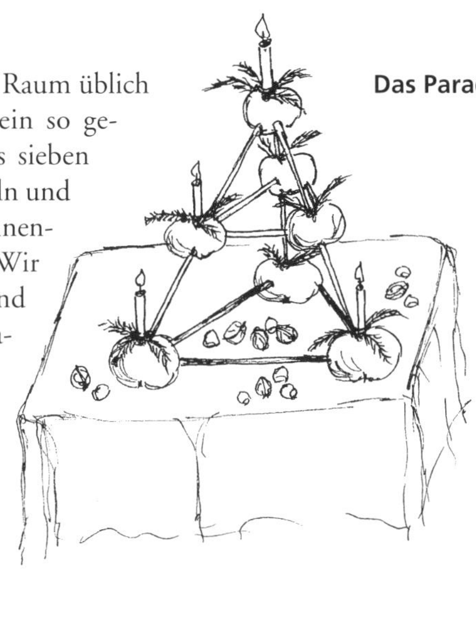

Silvester, 31. Dezember

Silvester ist der letzte Tag im Jahr. Dieser Tag eignet sich besonders gut für einen Rückblick.

Jahresbild

Wir nehmen uns eine große Pappe und schreiben oder malen in die Mitte die Jahreszahl des vergangenen Jahres. Dann erzählen wir uns, was uns in den einzelnen Monaten am wichtigsten war und schreiben, zeichnen oder malen es auf. Wir können auch wichtige Fotos dazukleben. Eine gute Einteilung für das Bild ist die 12er-Teilung wie bei dem Zifferblatt einer Uhr. Die Rückschau ist für alle, auch die Kinder, am einfachsten, wenn wir mit dem Dezember beginnen und uns langsam bis zum Januar zurück erinnern, die Erlebnisse noch einmal wachrufen.

! Info

Rückschau

Die Rückschau, die wir am Ende des Jahres machen, empfiehlt sich auch für jeden Abend als Rückschau auf den Tag. Schon mit sehr kleinen Kindern können wir den Tag noch einmal rückwärts an uns vorbeiziehen lassen, und auch ihnen werden viele Dinge einfallen, die sie jeweils „davor" gemacht haben. Uns fällt es dabei leichter, die Dinge mit Abstand, aus einem anderen Blickwinkel zu betrachten. Wir können klarer sehen, was uns gefallen hat, wann wir uns gefreut haben und wann und warum wir in manchen Situationen unzufrieden waren. Wir überlegen uns auch, was wir anders machen könnten. Nach dieser Rückschau haben wir oder auch die Kinder den Tag richtig abgeschlossen und können ruhiger und zufriedener schlafen, mit der Sicherheit, dass der Ärger und die Fehler des vergangenen Tages den nächsten Tag nicht belasten.

Wachsgießen

Allgemein bekannt ist das traditionelle Bleigießen. Da dies nicht gerade umweltfreundlich ist, ersetzen wir es durch das Wachsgießen. Das Wachs (Kerzenreste) schmelzen wir im Wasserbad. Wenn es ganz flüssig ist, nehmen wir einen Löffel voll und kippen ihn in eine Schüssel mit kaltem Wasser. Aus den entstandenen Figuren lesen wir unsere Zukunft.

Feuerwerksbilder

Nach Silvester malen wir ein Feuerwerksbild. Wir nehmen bunte Wachsmalblöcke und zeichnen mit ihnen die Leuchtspuren der Raketen nach.

Die Gruppenleiterin kann ebenso wie bei den gemalten Schneelandschaften *(siehe Seite 49)*, durch eine Geschichte innere Bilder wachrufen. Bald sprühen Raketen, Sonnen, Bienen und andere Feuerwerkskörper in allen Farben über das Papier. Da das Feuerwerk aber nur in der Nacht leuchtet, übermalen wir zum Schluss das ganze Blatt mit dunkelblauer Wasserfarbe. Jetzt kommen die Raketen erst richtig zur Geltung.

Dreikönigstag, 6. Januar

Ursprung

! Info

Beim Konzil von Nicäa 325 n. Chr. wurde das Fest der Geburt Christi für die römische Kirche vom 6. Januar auf den 25. Dezember verlegt. Am Epiphaniastag erinnert man sich noch der „Weisen". Sie waren wahrscheinlich Priester-Astrologen, die die besondere Konstellation der Gestirne (Ursprung des Sterns von Bethlehem) beobachteten und deuteten. In der Legende wurden sie im 5. Jahrhundert zu Königen und bekamen im 9. Jahrhundert die Namen Kaspar, Melchior und Balthasar. Die Sternsinger, die heute in die Rolle der Hl. Drei Könige schlüpfen, reinigen das Haus durch das Schwenken des Weihrauchgefäßes und schreiben mit geweihter Kreide die Jahreszahl und die Buchstaben C M B an die Haustüre. Sie bedeuten „Christus Mansionem Benedicat" (Christus segne dieses Haus). Die Nacht vor dem 6. Januar galt als die gefährlichste der 12 Raunächte zwischen dem 25. Dezember und dem 6. Januar, in denen die dunklen Mächte das Sagen haben.

Melchior, Balthasar
und Kaspar hießen die drei,
Könige waren sie,
hatten lauter schöne Sachen dabei.
Wollten nach Bethlehem
– liefen dem Stern hinterher –
den neuen König sehn,
konnten aber bald nicht mehr.

Dreikönigsspiel

Wir nützen die Gelegenheit, um in eine andere Rolle zu schlüpfen. Wenn wir eine Geschichte selbst spielen, prägt sie sich tiefer ein, als wenn wir sie nur hören.

- Wir erzählen uns, was wir über die Drei Könige wissen.
- Wir verteilen die Rollen: Könige und Diener, Sternträger, Maria, Josef, Jesuskind, Hirten, Schafe, Kamele, Elefanten …, Sänger, Erzähler.
- Wir verkleiden uns mit Tüchern, Bändern, Pappkronen und anderen Utensilien.
- Wir zünden Räucherkohle in einer Räucherschale an und streuen Weihrauch und Myrrhe darüber.
- Der Erzähler beginnt, mit der Geschichte von der Geburt Christi, alle spielen dazu ihre Rolle.
- Wir singen und spielen das Lied „Die Heil'gen Drei König".
- Die Könige knien vor der Krippe nieder und überreichen Geschenke.
- Wir singen „Still, still, still weil's Kindlein schlafen will" oder ein anderes Wiegenlied.

Die Kinder nehmen ein solches Spiel sehr ernst und sind meist andächtig und aufmerksam dabei.

Die heil'gen drei König

Volksweise

2. Die heil'gen drei König mit ihrigem Stern,
sie bringen dem Kindlein das Opfer so gern.
Sie reisen in schneller Eil,
in dreizehn Tagen vierhundert Meil.

3. Die heil'gen drei König mit ihrigem Stern,
knien nieder und ehren das Kindlein, den Herrn.
Ein selige, fröhliche Zeit
verleih uns Gott im Himmelreich!

Lichtmess, 2. Februar

Info

Der Brauch

An Lichtmess werden alle Kerzen geweiht, die im kommenden Jahr in der Kirche gebraucht werden. Eine Lichterprozession erinnert an die Weissagung des Simeon: „Jesus ist ein Licht, das die Heiden erleuchtet und die Herrlichkeit für das Volk Israel." (Lukas 2,32)

Anregungen zum Feiern

- Wir drehen Kerzen aus Bienenwachswaben, die wir eng um einen Docht rollen. Diese können wir zur Kerzenweihe mitnehmen.
- Wir erhellen unseren Raum nur mit Kerzenlicht und singen gemeinsam.
- Wir lassen Kerzenschiffchen im Teich oder am Bach schwimmen.

Fasching

Info

Ursprung

Der Ursprung des Faschings, der Fastnacht, liegt in einem heidnischen Brauch. Mit Masken, Lärm und Furcht einjagenden Verkleidungen sollten am Ende des Winters die Dämonen vertrieben werden, damit sie das neue Wachstum im Frühling nicht stören.

Im Fasching verkleiden wir uns, basteln einfache Instrumente, spielen verkehrte Welt und machen allerlei Zaubereien.

Verkleidungen aus Naturmaterial

Fantasievolle Verkleidungen können wir auch aus unserem gesammelten Naturmaterial gestalten:

- Waldgeister-Masken und -Hüte aus Blättern, Federn und Samen, die wir auf Papier kleben;
- Indianerketten aus Federn, Steinen, Samen, Knochen und Muscheln;
- Umhänge aus Netzen und Muscheln.

Lustig ist die Fasenacht,
wenn mei Mutter Küchle backt.

Wenn sie aber keine backt,
pfeif' ich auf die Fasenacht!

Einfache Instrumente

Die verschiedenen Materialien dienen uns auch dazu, einfache Instrumente zu bauen.

- Rasseln aus Pappröhren, in die wir Samen, Kerne und Steine füllen.
- Klappern aus halben Walnussschalen, die wir auf Pappstreifen kleben (Kastagnetten).
- Für größere Klappern schneiden wir eine doppelte Hand aus Pappe aus, falten sie am Handgelenk zusammen und kleben auf jeden Finger eine Walnusshälfte.
- Rasseln aus Astgabeln, Draht und Kronkorken: Zwischen die Gabelung spannen wir drei Drähte, auf die wir vorher jeweils vier bis fünf Kronkorken aufgezogen haben.

In unseren neuen Kostümen begrüßen wir uns mit dem Lied: „Wir stehen hier im Kreise“ und begleiten den Gesang mit unseren Instrumenten. Reihum wird jedes Kind mit dem Kostüm-Namen aufgerufen, danach wird jeweils der Vers als Refrain wiederholt.

Wir stehen hier im Kreise

überliefert

Wir ziehen verkleidet mit unseren Instrumenten durch die Straßen und vertreiben wie in früheren Zeiten die Geister. Wir klingeln an Haustüren, singen Faschingslieder und sagen Sprüche auf, so wie es auf dem Lande Brauch ist, „Maschkara“ zu gehen oder Faschingszoll zu kassieren. Vielleicht haben wir ja Glück und bekommen auch kleine Geschenke.

Des Abends, wenn ich früh aufsteh,
des Morgens, wenn ich zu Bette geh,
dann krähen die Hühner, dann gackelt der Hahn,
dann fängt das Korn zu dreschen an.
Die Magd, die steckt den Ofen ins Feuer,
die Frau schlägt drei Suppen in die Eier,
der Knecht, der kehrt mit der Stube den Besen,
die Erbsen müssen die Kinder verlesen.
O weh, wie sind mir die Stiefel geschwollen,
dass sie nicht in die Beine reinwollen!
Wir salben den Schuster und holen das Fett,
dann stellen wir vor die Stiefel das Bett.

Solche Sprüche eignen sich hervorragend zum Weiterdichten und Erfinden von Nonsensversen.

Gemüseball
Gestern Abend auf dem Ball
Tanzte Herr von Zwiebel
Mit der Frau von Petersil.
Ach, das war nicht übel.

Die Prinzessin Sellerie
Tanzte fein und schicklich
Mit dem Prinzen Rosenkohl,
Ach, was war sie glücklich!

Der Baron von Kopfsalat
Tanzte leicht und herzlich
Mit der Frau von Sauerkraut;
Doch die blickte schmerzlich.

Ritter Kürbis, groß und schwer,
trat oft auf die Zehen.
Doch die Gräfin Paprika
Ließ ihn einfach stehen.

Werner Halle

Hexenküche

2. Schmier dir die Nasenspitze ein
und stell dich in den Mondenschein.
Und schwebst du nun nicht in die Nacht –
dann hast du was verkehrt gemacht.

Faschingszaubereien

Zauberhut und Zauberstab

Natürlich braucht ein Zauberer einen Zauberhut und einen Zauberstab. Schnell und einfach machen wir einen Hut aus einem bunt bemalten festen DIN A 3-Blatt. Wir rollen das Blatt zu einer Spitztüte so zusammen, dass es auf den Kopf passt, und kleben den Rand fest. Das überstehende Papier können wir abschneiden oder nach innen knicken. Für die Kinder knoten wir noch ein Gummiband an, damit der Hut fest am Kopf sitzt.

Einen Zauberstab machen wir uns aus einer dünnen festen Pappröhre (z. B. von Faxpapierrollen). Bunt bemalt oder beklebt und mit Körnern gefüllt kann sich jeder einen besonderen Zauberstab herstellen. Wir denken uns noch ein paar Zaubersprüche aus und los geht die Zauberei.

Girlanden

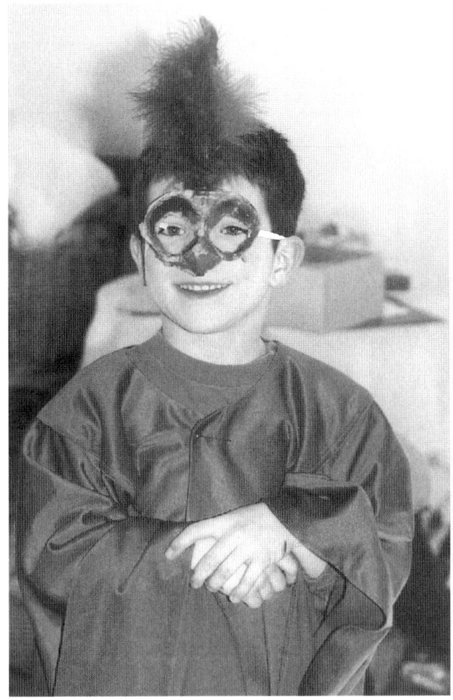

Wir nehmen ein Zeitungspapier oder anderes großes Papier, falten es der Länge nach und schneiden es von der Bruchkante und von der gegenüber liegenden Seite her bis weit über die Mitte ein. Jetzt falten wir es vorsichtig wieder auf und ziehen die Girlande auseinander. Wollen wir bunte Girlanden, malen wir das Papier vorher an und lassen es trocknen. Doppelgirlanden machen wir aus dem Doppelblatt einer Zeitung (genauso wie oben).

Zauberpostkarte

Wer kann durch eine Postkarte steigen? – Wir nehmen eine Postkarte und falten sie der Länge nach. Von der Faltkante her schneiden wir sie 8 bis 10 Mal bis über die Mitte ein, ebenso von der gegenüber liegenden Seite. Jetzt schneiden wir die Bruchkanten mit Ausnahme der ersten und letzten durch. Wie groß ist die Postkarte jetzt, wenn wir sie auseinanderziehen? Wer passt durch?

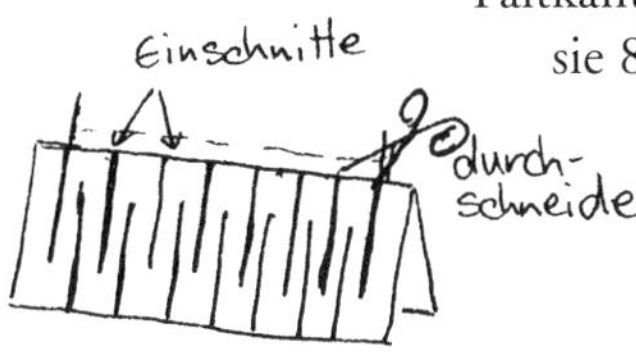

Zauberband

Wir schneiden aus Zeitungspapier zwei etwa 4 cm breite, möglichst lange Streifen. Einen Streifen kleben wir an den Enden zu einem Ring zusammen. Den zweiten verdrehen wir einmal, bevor wir ihn ebenfalls zusammenkleben. Wir schneiden beide Ringe der Länge nach durch. Was passiert? Aus dem ersten Ring sind zwei geworden. Und aus dem zweiten? Wie viele Kanten und Flächen hat der verdrehte

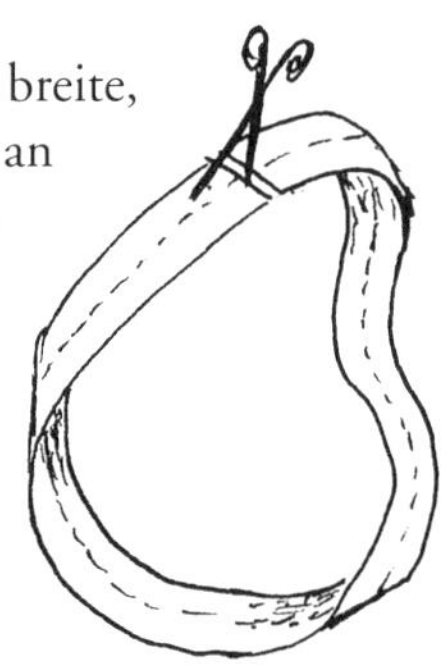

Ring und wie viele der durchgeschnittene, verdrehte Ring? Wir malen die Flächen mit Wachsmalblöcken an. Was passiert, wenn wir den verdrehten Ring ein zweites Mal durchschneiden? Die Kinder können alles ausprobieren, was ihnen dazu einfällt.
Dieser verdrehte Kreis heißt Möbiusband, nach dem Mathematiker Ferdinand Möbius, der diese Entdeckung gemacht hat.

Zauberbaum

Aus mehreren übereinander gelegten Zeitungsblättern zaubern wir eine Palme! Dazu werden mehrere Zeitungsblätter zu etwa ¼ überlappend aneinander gereiht und aufgerollt. Die Rolle wird von oben her mehrmals bis zu ⅓ der Höhe mit der Schere eingeschnitten. Jetzt kann der Hokuspokus beginnen! Begleitet von einem selbst erdachten Zauberspruch stellen wir die Rolle vor uns auf den Tisch oder Boden und lassen den Baum langsam wachsen, indem wir das Papier vorsichtig von der Mitte her herausziehen. Alle Zuschauer werden erstaunt sein, wie hoch unser Baum wächst, der Beifall ist sicher!

Zauberapfel

Ein toller Trick ist auch der Zauberapfel. Wir schneiden einen schönen Apfel mit Stiel rundherum mit einer Zickzacklinie bis zur Mitte ein und haben jetzt zwei Teile. Wenn wir sie zusammenpressen, sieht der Apfel wieder ganz aus und hält auch zusammen, wenn wir ihn am Stiel hochheben. Mit einem Zauberspruch beschwören wir jetzt den Apfel, nehmen ihn von oben und von unten in die Hände und ziehen ihn auseinander.

Winteraustreiben

Zum Fasching und zum Ende des Winters gehört auch der Brauch des Winteraustreibens.
Die Sonne scheint schon wieder und schleckt am Schnee. Wir freuen uns auf den Frühling und wollen ein bisschen nachhelfen, indem wir ihn mit Peitschenknallen verjagen, als Puppe im Feuer verbrennen und mit Liedern auffordern sich zurückzuziehen.

Bänderpeitschen

Wir holen aus dem Wald für jeden ein etwa 25 cm langes Stöckchen und befestigen an einem Ende Bänder aus buntem Papier oder Stoff. Die Stöcke schwingen wir durch die Luft, lassen sie wie Peitschen knallen oder schlängeln die Bänder am Boden entlang und singen dazu: „Winter, ade, scheiden tut weh" oder das folgende Frühlingslied:

Sonnenschein, komm herein

überliefert

Winter verbrennen

Wir binden eine kleine oder große Strohpuppe und befestigen sie an einem Stecken, den wir in die Mitte eines vorbereiteten Scheiterhaufens stellen. Die Puppe symbolisiert den Winter. Sie wird von den Flammen des Feuers verschlungen, so wie die Frühlingswärme den Winter vertreibt.

Valentinstag, 14. Februar

Info

Die Legende

Über den Ursprung des Valentinstags gibt es viele Geschichten. Der heilige Valentin wurde um 270 n. Chr. hingerichtet, weil er seinem Glauben nicht abschwor. Er hat mit dem Brauch, Blumen zu schenken, sicher wenig zu tun. Wahrscheinlich hat dieser sich aus dem mittelalterlichen Brauch, den Tag der Vogelhochzeit, die Rückkehr der Vögel zu feiern entwickelt. Vor allem in England, Frankreich und Belgien war es üblich, kleine Liebesgaben zu verschenken. In Deutschland setzte sich der Valentinstag erst nach dem zweiten Weltkrieg als Tag der Verliebten und der Blumen durch.

Die Tag- und Nachtgleiche im Frühjahr

Am 21. März ist Frühlingsanfang. Das Licht gewinnt endgültig die Macht über die Dunkelheit, die Tage werden wieder länger als die Nächte. Der Frühling beginnt, die Wiesen werden grün, die Bäume bekommen wieder Blätter und überall beginnen die Blumen zu blühen. Wir feiern diesen Tag mit einem Spaziergang durch Wald und Wiesen.

Frühlingsgeheimnisse im Wald entdecken

Wir suchen nach den ersten Blättern an den Bäumen, nach den Blüten von Veilchen und Buschwindröschen, nach den ersten Ameisen, Schmetterlingen und Bienen … Jetzt gibt es wieder viel zu entdecken. Die Natur erwacht aus ihrer Winterruhe. Wenn wir Glück haben, hoppelt ein Hase vorbei. Wir suchen nach unserem Waldweihnachtsbaum, den wir bei unserer Waldweihnacht mit guten Gaben bestückt haben, und schauen, ob die Tiere alles aufgefressen haben. Wir besuchen auch unser Zwergenreich, das wir eventuell im Herbst im Wald errichtet haben, richten es wieder schön her oder bauen daran weiter.

Quellenverzeichnis

Seite 14: Psst! Psst!, Maria Rößler, Zauberhafte WinterWeihnachtszeit, Don Bosco, München 1998.

Seite 27: Naht der Winter, Josef Guggenmos, aus: Bühler, Scheine, Sonne, scheine, Kinderverse und Gedichte für die ersten Schuljahre, Verlag Paul Haupt, Bern, Stuttgart, Wien 1992.

Seite 30: Spuren von winzigen Zehen, Josef Guggenmos, aus: Bühler, Scheine, Sonne, scheine, Kinderverse und Gedichte für die ersten Schuljahre, Verlag Paul Haupt, Bern, Stuttgart, Wien 1992.

Seite 36: Vom Büblein auf dem Eis, Friedrich Güll, aus: Aus der Kinderheimat, Verlag Bertelsmann 1925.

Seite 41: Fingerwetter, Raimund Pousset, aus: Raimund Pousset, Fingerspiele und andere Kinkerlitzchen, Copyright ©1983 by Rowohlt Taschenbuch Verlag GmbH, Reinbek.

Seite 50: Köstliche Blumen, Robert Walter-Freyr, aus: Eins und alles, Verlag Freies Geistesleben, Stuttgart.

Seite 74: Wenn's dunkel wird, Margarete Jehn, Worpsweder Musikwerkstatt.

Seite 75: Am 4. Dezember, Josef Guggenmos, aus: Josef Guggenmos, Ich will dir was verraten, Beltz Verlag, Weinheim und Basel 1992.

Seite 90: Gemüseball, Werner Halle, aus: Josef Guggenmos, Bilder und Gedichte für Kinder, Westermann Verlag 1992.

Wir über uns

Als Mitbegründerinnen und Mitarbeiterinnen des Vereins *Eltern-Kind-Programm* arbeiten wir drei Autorinnen seit vielen Jahren mit Familien vor allem in den folgenden Bereichen: Eltern-Kind-Gruppen, auch zweisprachig und integrativ; Eltern-Kind-Seminare und -Workshops zu unterschiedlichen Themen (z.B. Jahreszeiten, Elemente, Naturbaustellen, Handwerkstechniken, Schwimmen, Musik und Bewegung ...); Kinder- und Jugendarbeit; Kinderwerkstätten und Familienfreizeiten. Für die Leiterinnen der Eltern-Kind-Gruppen gibt es jedes Jahr einen Ausbildungskurs, der in Zusammenarbeit mit Dozenten der Universität Regensburg entwickelt wurde. Der Kurs umfasst die Bereiche pädagogische und psychologische Grundkenntnisse, Anleitung zur objektiven Beobachtung, Praxisanleitung und Elternarbeit.
In unseren Eltern-Kind-Gruppen, die sich über den Zeitraum eines Jahres wöchentlich zweimal treffen, und in unseren Seminaren spielen der Jahresrhythmus und die damit verbundenen Feste, die Arbeit mit den Elementen, Natur- und Sinneserfahrungen eine sehr große Rolle. Kinder und Eltern sollen die Gelegenheit haben zu forschen, zu suchen und zu sammeln, das heißt neue Entdeckungen zu machen. Dazu gehört singen, reimen, sprechen, spielen, toben, bewegen, klettern, balancieren, staunen, aber auch das Schaffen von Rückzugsmöglichkeiten und das Austragen von Auseinandersetzungen kommen nicht zu kurz.

Die Ursprungsform des *Eltern-Kind-Programms* wurde vom Staatsinstitut für Frühpädagogik, München, entwickelt. Der Verein *Eltern-Kind-Programm* hat das Konzept mittlerweile um neueste Erkenntnisse aus unterschiedlichen pädagogischen Richtungen und durch den im Laufe der Jahre angesammelten Erfahrungsschatz erweitert. Eingeflossen sind Erkenntnisse aus der Waldorfpädagogik, vor allem im Bereich der Kindheitsentwicklung und Sprachentwicklung, um die Eigeninitiativkraft und innere Freiheit der Kinder zu fördern. Aus der Motopädagogik haben wir Gedanken zum Spielhaus- und Spielplatzbau übernommen, um Freiräume und vielfältige Bewegungsmöglichkeiten zu schaffen, da Bewegung das Selbstwertgefühl der Kinder steigert, selbstständiges Denken anregt und die Sprachentwicklung fördert. Elemente aus der Edu-Kinestetik eröffnen

den Kindern spielerisch das Tor zum Lernen. Vor allem aber haben wir viel von den Kindern selbst gelernt. Durch genaues Beobachten und Einfühlen können wir immer wieder neue Aspekte in unsere Arbeit aufnehmen. Einer der jüngsten Bereiche ist die Arbeit mit Naturbaustellen, wie Backofenbau, ökologische Spielplätze und Naturzäune. Dies, so spüren wir, ist eine Wiederannäherung an die Natur und ihre heilenden Kräfte, denn das natürliche Umfeld der Kinder hat sich heute gegenüber früher sehr verändert. Das Spielen und Forschen im Wald mit seinen Kletterbäumen, wassergefüllten Fahrrinnen und moosbewachsenen Baumstämmen wurde von Ballettunterricht, Musik- und Turnstunden oder Fernsehschauen abgelöst. Wir wollen Kinder wieder durch blühende Wiesen und über bemooste Baumstümpfe kriechen lassen, ihnen Versteck- und Klettermöglichkeiten in naturgemäßen Hecken schaffen, mit ihnen Wildblumen säen oder Verstecke für Tiere anlegen und sie auf die Kreisläufe in der Natur aufmerksam machen, da diese in engem Zusammenhang mit unserem Leben stehen.
Wir verstehen unsere Arbeit als Suchtprävention im Familienalltag; wir wollen Lebensfreude und innere Zufriedenheit wecken. Wir wollen Familien und Kindern die in ihnen steckenden Kräfte und Fähigkeiten durch Erfahrungen bewusst machen und dadurch die Suche nach dem Sinn des Lebens erleichtern. Der wichtigste Aspekt der Arbeit des *Eltern-Kind-Programm e.V.* ist die kindzentrierte Elternbildung. Die Eltern lernen im Zusammenleben an und mit ihren Kindern. Denn von der noch freien schöpferischen Kraft, von der Lebensfreude und der Bereitschaft zum Miteinander der Kinder können wir alle profitieren.

Wir hoffen, dass dieses Buch dazu beiträgt, diese Gedanken weiter zu verbreiten. Denn nicht nur im Familienalltag, im Zusammenleben von Eltern und Kindern, sondern auch in pädagogischen Einrichtungen, im Kindergarten oder Hort, lassen sich die hier zusammengetragenen Anregungen und Spielvorschläge vielfach einsetzen und verwirklichen. Bei den Gruppenleiterinnen des Eltern-Kind-Programms e.V. möchten wir uns an dieser Stelle für die vielen neuen Ideen bedanken, die sie in ihre Arbeit einbringen und damit auch uns zugänglich machen.

Ursula, Monika und Petra Bezdek

Veröffentlichungen und Angebote des Eltern-Kind-Programms

Der Eltern-Kind-Programm e.V. führt seit vielen Jahren Familienseminare, Workshops und Eltern-Kind-Gruppen durch. Die Themen sind: Naturerfahrung, Bewegung, die Jahreszeiten, die Feste im Jahreskreis, die Elemente, verschiedene Naturbaustellen. Spiele, Lieder, Reime, Werkaktionen und andere wichtige Anregungen wurden in Arbeitsheften gesammelt, die unter folgenden Titeln erschienen sind:

- Dem Frühling auf der Spur
- Sommerspaß
- Den Herbst erleben
- Winterfreuden
- Unsere Lieder
- bewegen erleben
- Naturspielräume
- Erfahrungen mit Wasser – schwimmen lernen leicht gemacht
- Glaubensbildung in Eltern-Kind-Gruppen

Die Arbeitshefte und Informationen über die Seminarangebote sind zu beziehen bei:
Eltern-Kind-Programm e.V.
Mitterweg 34
82131 Stockdorf
Tel.: 0 89/8 57 11 12
Fax.: 0 89/8 56 14 33

Vielfältige Anregungen, wie Kinder mit allen Sinnen die Elemente Feuer, Erde, Wasser und Luft entdecken und erfahren können, sind in dem Buch „Kinder in ihrem Element“ von Ursula, Monika und Petra Bezdek, Don Bosco Verlag, München 2000 (ISBN 3-7698-1202-6) zusammengetragen.

Mit Kindern durchs Jahr

108 Seiten, s/w-Illustrationen, Fotos, kartoniert
ISBN 3-7698-1314-6

Ursula, Monika und Petra Bezdek

Herbst

Mit Kindern durchs Jahr

Drachen steigen lassen, durch das raschelnde Laub toben und über die farbenprächtigen Blätter staunen – all das gehört zum Herbst. Im Herbst erleben Kinder Nebel und Sturmwind, sie sammeln leuchtende Wildfrüchte und freuen sich über ihre Ernte beim Kartoffelfeuer. Doch der Herbst findet nicht nur draußen in der Natur statt, es ist auch eine Zeit der Besinnung auf sich selbst. Mit ihren Vorschlägen zum ganzheitlichen Erleben der Herbstzeit stellen die Autorinnen eine Verbindung her zwischen den Veränderungen in der Natur und der Gefühlswelt der Kinder und liefern vielfältige Anregungen zur Gestaltung der Herbstfeste Erntedank und St. Martin.

ISBN 3-7698-1335-9

ISBN 3-7698-1336-7

In gleicher Ausstattung erscheinen im Frühjahr 2002 die Bände *Frühling* und *Sommer.*